由矇昧時代至阿拔斯王朝，先知穆罕默德、伊斯蘭教派、哲學思想、科學藝術的黃金時代

從沙漠孤寂到帝國輝煌

阿拉伯半島

的文明與智慧

林之滿，蕭楓

U0078242

ARABIAN PENINSULA

◎阿拉伯哲學與文學的黃金時代，經典作品深度解析
◎科學與藝術的融合，展現阿拉伯在各學科的卓越貢獻
◎揭祕穆罕默德的教義，深入了解伊斯蘭教的形成與發展

從早期的不確定性到建立強大帝國的輝煌
阿拉伯世界呈現了一幅璀璨的文明圖卷——

從遙遠矇昧時代
到繁榮的
阿拔斯王朝

目錄

目錄

阿拉伯自然科學與教育

目錄

阿拉伯半島的矇昧時代

矇昧時代

　　阿拉伯史學界把伊斯蘭教誕生前的阿拉伯人的歷史階段，即《古蘭經》尚未降示給阿拉伯人的先知穆罕默德的時代統稱「矇昧時代」。著名的阿拉伯歷史學家希提又把「矇昧時代」劃分成廣義和狹義兩個概念。廣義的概念則指人祖亞當誕生至穆罕默德「奉命」為先知；狹義的概念則指伊斯蘭教興起之前的 100 年時間。

　　「矇昧時代」是伊斯蘭經典——《古蘭經》中出現的一個與信仰有關的宗教性術語，由於伊斯蘭教在阿拉伯半島的廣泛傳播，這個術語在阿拉伯人中深入人心，矇昧時代這一概念將阿拉伯人的歷史清晰的分成了兩個階段——伊斯蘭教誕生前和伊斯蘭教誕生後。顯然，在阿拉尚未啟示先知穆罕默德的「矇昧時代」就是指伊斯蘭教誕生前阿拉伯人所處的歷史階段。這樣的歷史分界方法，對阿拉伯人的歷史發展有一定的合理性，而且阿拉伯人也非常樂意接受這樣的歷史分期法，因為他們普遍認為，伊斯蘭教的產生使他們的民族歷史和民族文化發生了前所未有的變化。如果從這個觀點出發，可以得出，「矇昧時代」並不是單純從「愚昧無知」或「缺乏文化」的角度提出來的。這正如阿拉伯史學家費立波・希提所說：「『jāhiliyah』這個名詞，通常譯成『蒙昧時代』或『野蠻時代』，其實，這個名詞的涵義是

指阿拉比亞沒有天命、沒有獲得靈感的先知、沒有天啟的經典的那個時代而言的，因為像南埃拉比亞人所發展的那種具有學術文化的社會，要稱為矇昧的社會、野蠻的社會，是有點困難的。」從以上資料分析，我們可以概括地說，《古蘭經》中所說的「矇昧時代」，就是指伊斯蘭教創立前，阿拉伯半島沒有出現阿拉伯人的先知，沒有出現過具有統治地位的一神教及其經典，因此沒有嚴明的統一律法，而廣大阿拉伯人正處於以部落經濟為單位，主要以原始崇拜為主的多神教時代。

沙漠裡的阿拉伯文明

阿拉伯文明的發源地阿拉伯半島，它是伊斯蘭教興起的地方。它位於亞洲的西南部，東西南三面分別與波斯灣、阿曼灣、紅海和阿拉伯海相毗鄰，北與美索不達米亞平原接壤，是世界上最大的半島。整個半島絕大部分是沙漠，生活條件極為惡劣。雖然它現在以其豐富的石油資源而在人均收入上富甲天下，蜚聲世界，但在西元 6 世紀以前，這裡卻是個真正的不毛之地。由於古代半島上的居民絕大多數是阿拉伯人，所以人們都把這個半島稱為阿拉伯半島。

阿拉伯半島在地質學上被認為是非洲撒哈拉大沙漠的延續，半島上有三分之一的地區為沙漠，中北部為內夫得沙漠，

南部為魯卜哈利沙漠。由於地處沙漠，阿拉伯半島的地理氣候條件簡直到了令人生畏的地步。沙塵暴經常光顧這個地方，黃沙散漫、遮天蔽日，可見度幾乎為零，非常恐怖，就好像死亡隨時向你逼近。沙漠中的沙丘最大的高達 300 公尺，長 20 公里，行人很難通過。除了沙丘之外，半島上還有許多地方是鵝卵石覆蓋的戈壁灘和火山噴發的岩漿構成的「黑石沙漠」。這種惡劣的氣候條件，加之半島上的土地含鹽量過高，嚴重限制了植物的生長，所以半島上的植物品種並不豐富。椰棗是生長最多的植物，它是阿拉伯人的主要食品之一。另外半島上還有多種果類和藥材、棕櫚、油橄欖等經濟作物，適宜農耕的地區還有少量糧食作物。由於幾乎沒有森林，所以阿拉伯半島野生動物極少。半島上絕大多數的動物是阿拉伯人餵養的家畜，如駱駝、馬、羊、毛驢等。其中最重要的當然是駱駝，沙漠中的游牧人的社會生活時刻也離不開這種被稱為「沙漠之舟」的牲畜。但阿拉伯人認為最珍貴的家畜還是馬，阿拉伯良種馬具有健美、堅忍、靈活、忠實於主人的特點。

　　哪裡有動植物的生長，哪裡就有人類在居住，阿拉伯半島當然也不例外。在遠古時期的阿拉伯半島，居住著阿拉伯人的祖先閃米特人，簡稱閃族，屬歐羅巴人種印度地中海類型。整個半島的阿拉伯人大致分為南北兩大部分，從事著游牧、農耕和經商。游牧的阿拉伯人稱為「貝都因人」，意思是「駝民」或

「荒漠游牧民」。他們主要牧養駱駝，也牧養馬和羊。

除了游牧民和少數農耕民之外，阿拉伯半島上有相當一部分人從事商業，這是因為半島地處東西方交通要道，為商業貿易的天然場所。當時的東西方國際商道主要有三條，其中有一條是從印度洋經亞丁灣到葉門登陸，再從葉門經阿拉伯半島的漢志地區（紅海東部沿岸）北上到巴勒斯坦和敘利亞，由此轉入歐洲。由於當時的阿拉伯搶劫之風盛行，古代的商人在阿拉伯半島一帶經商，為了安全常常結隊而行。他們組成商隊，趕著許多頭馱著貨物的駱駝在沙漠裡行走，最多的可達 1,500 頭駱駝。隨著商隊規模的不斷壯大，商隊的組織系統也越來越完善，發展到最後，每個商隊前面有探路的前哨和引路的嚮導，中間有搬運貨物和驅趕駱駝的民夫，後面有武裝保鏢，行走起來浩浩蕩蕩，儼然是一個部落組織。如此龐大的商隊在沙漠裡行走，自然需要適當的場所，以補充給養和飲水、休息或中轉貨物。當時漢志地區的麥加城就非常適合商隊的需要，而成為商隊的貿易根據地和商品集散地。麥加城地處漢志商路中段，城中有「滲滲泉」水可供過往商旅之需。

惡劣的自然環境和氣候，經常給仰賴於自然而生產和生活的阿拉伯人帶來災害。加之，在當時落後的生產力水準下，這些災害往往是人力所無法抗拒的。自然而然的，循著宗教發展的軌跡，那時的阿拉伯人便將戰勝自然災害的希望寄託於超自

然的力量，企盼出現救世主，還常常相信一些荒誕不經的迷信傳說。5、6世紀時，阿拉伯人已經有了各式各樣的宗教崇拜。在西元後最初的幾個世紀裡，由於阿拉伯人透過經商、戰爭等方式與外界發生的交往，使一些文明社會的宗教開始傳入阿拉伯半島，如猶太教、基督教、波斯的祆教和摩尼教等，它們均對阿拉伯人產生了一定影響。但這時阿拉伯人主要信奉的還是原始宗教，如自然崇拜、動植物崇拜、神靈崇拜、祖先崇拜和偶像崇拜等等。崇拜對象繁多，反映出阿拉伯社會這時處於四分五裂、互不隸屬的狀況。到原始社會解體時期，阿拉伯社會出現了階級的分立對抗，各個部落崇拜自己的一種或幾種神，貶低別的部落神靈，所以社會矛盾時常同時表現為宗教矛盾。透過原始社會末期不斷的戰爭，阿拉伯社會經歷了大部落兼併小部落的歷史必然。較大部落和氏族貴族的出現，在宗教上的反映就是從眾多的神靈中產生出一些較為主要的神，如阿拉便是其中的主要神之一。阿拉原是麥加城的古萊什部落信奉的神靈，在伊斯蘭教誕生之前，麥加人認為它是萬物的創造者和養育者。這種主要神的出現，可以視為由多神崇拜向一神崇拜的過渡。當社會條件成熟時，一神教就會適時產生。

　　總而言之，在伊斯蘭教未誕生的7世紀以前，無論從物質生活還是精神生活來看，整個阿拉伯半島社會發展都處於相當落後的社會狀態。驍勇好戰，成為這一時期阿拉伯人崇尚的習

俗,這嚴重妨礙了半島內各個部落之間的交流、團結,使 7 世紀前的阿拉伯半島上的居民猶如一盤散沙,阻礙了經濟的發展,遲滯了社會的進步。

阿拉伯最早的國家

從前文我們了解到阿拉伯半島大部分地區是沙漠覆蓋,但這並不意味著阿拉伯半島的所有地區都變成了荒無人煙、與世隔絕的洪荒之地。實際上,當時阿拉伯半島有水源的綠洲,仍散居著許多部落民;尤其是在雨量和地下水源較充沛的南部 —— 瀕臨亞丁灣的葉門;西北部 —— 俯臨紅海的希賈茲和東部 —— 瀕臨波斯灣和阿拉伯海的巴林、阿曼等地區都有阿拉伯人的部落在那裡生活繁衍,而且有些地區還建立了早期的古代阿拉伯王國,創造了絢麗多彩的阿拉伯古代文化。與此同時,遷徙北部的阿拉伯部落,也在肥沃的新月地帶建立了好幾個阿拉伯人的王國並創造了富有半島北部文化特色 —— 多種文化融合的阿拉伯古代文化。在半島南部和北部阿拉伯人所建的區域性的城邦國家中,南部的麥因國、哈德拉毛國、蓋特班國、示巴王國和希木葉爾王國和北部的納巴泰王國、希賴國、泰德穆爾國和伽珊王國等在阿拉伯人歷史上曾產生了較大影響,被認為是統一的阿拉伯伊斯蘭帝國建立前最重要的阿拉伯國家。

▶麥因國（西元前 8 ～前 3 世紀）

麥因國古稱「米奈」（Minae），是目前史學家所知道的最早的一個阿拉伯王國。它存續於約西元前 8 世紀至前 3 世紀。麥因國地處葉門的奈季蘭和哈德拉毛之間的焦夫地區。焦夫海拔 1,100 公尺，三面環山，地勢平坦，土質肥沃，雨量和水源都較充沛，非常適合農業耕作，是阿拉伯人理想的定居點。

麥因國的首都在噶爾諾城，當地阿拉伯人則把它叫做「麥因城」，在當時是一個比較繁榮的文明城市。噶爾諾地處焦夫南部，該城坐落在一座向四面傾斜的土丘上，比焦夫的海拔水準約高 15 公尺，呈長方形，東西長約 400 公尺，南北寬約 250 公尺，並築有城牆，高約 15 公尺，東西城牆各開一個進出口。在部分城牆牆面築有堆口，既可作監察哨也可布設弓箭手。

據考證，麥因國屬於城市聯盟性質的城邦國家。在這些城邦中，只有獲得「王」的稱號者才有資格擔任邦主。但我們在當時的有些銘文中卻發現，不僅僅邦主一人可獲得「王」的稱號，有時邦主的兒子或兄弟中也有一人或兩人獲得「王」的稱號。對於這個問題的矛盾點，由於現在人們所掌握的數據有限，還不夠詳實，目前史學界尚未取得一致的看法。究竟獲得「王」稱號者是否具有同等權力還是各司一職均難以肯定，但由於在發現的麥因王表中，除邦主外同時獲得「王」稱號的情況並不多見，所以，有部分歷史學家認為，可能只有在城邦處於特殊的非常

情況下才會出現數人同時稱王的現象。

　　麥因城邦的每個城市，都有自己獨立的政府和城市長官。城市長官具有「克比爾」（意為至大）的稱號，他作為「王」的代表行使對城市的統治權。邦政府由邦主領導，邦主再透過由城市長官、高階僧侶甚至部落首領組成的類似協商會議的機構行使對城邦的統治權。

　　麥因國的每個城市都建有神廟。有時一個城市裡同時建有幾所神廟，但每所神廟只供奉一個神像。神廟設有專職人員管理並負責舉行祭祀等宗教儀式。麥因國供奉的神像為數眾多，其中有三個神祇最受敬仰，它們是金星神（阿思泰爾）、月亮神（旺德）和太陽神（納克爾哈）。

▶哈德拉毛王國

　　哈德拉毛國幅員遼闊，其領地包括今葉門瀕臨亞丁灣的南部、東南部和今阿曼蘇丹國的一部分土地。「哈德拉毛」在南阿拉伯非常著名，這個地名自古代起一直沿用至今而未因歷史的變遷發生變更，這在阿拉伯古代地名沿革史中是非常少見的一例。

　　史學家們對哈德拉毛和麥因銘文進行對比研究，發現哈德拉毛在一段時期中曾附屬於麥因國，這樣麥因國王曾有一段時期又身兼哈德拉毛的國王，如西元前 5 世紀末，麥因國王綏德

蓋・艾拉同時具有麥因和哈德拉毛兩個「王」的稱號。

人們對哈德拉毛的首都舍卜沃遺址考古發現，那裡有神廟、宮殿等建築物和水壩、引水渠等水利設施。哈德拉毛的城市中與麥因的城市一樣，建有許多神廟，而他們供奉的主神是月亮神──「昔尼」。

▶蓋特班王國

蓋特班王國建國於西元前 7 世紀前後，衰亡於西元前 1 世紀前後。蓋特班王國位於南阿拉伯的西部，亞丁的西北方向，直至紅海的曼德海峽。

蓋特班的首都古稱「塔姆奈阿」，今稱「克哈勒尼」。1949～1950 年，美國考古隊在塔姆奈阿進行了大規模的考察發掘。在這座古都遺址他們發現了大量銘文、神像、器皿等實物和城門、神廟、宮苑等遺址。透過蓋特班銘文與其他南阿拉伯銘文的比較研究，發現蓋特班語言與麥因等其他古國的語言十分相似，兩者的差異主要表現在詞頭的少數幾個新增字母不同。從銘文中還發現蓋特班統治者的稱號在不同階段也不盡相同，最初階段稱為「穆蓋爾卜」，意為近神者；後來才稱為「梅裡克」，意為「王者」。從統治者稱號的變化過程，可看到古代阿拉伯社會神權和王權的內在連繫和神權所有者導至王權所有者的必然過程。

　　19 世紀以來，蓋特班銘文在葉門西南部被大量發現和釋讀，成為研究古代阿拉伯文化的第一手珍貴材料。其中蓋特班銘文中關於土木工程的記載引起了文化界和史學界的廣泛關注。例如有一則關於築路工程的文書記述了下列內容：在這崎嶇不平的山區需開闢一條道路，以阿姆神的名義奠基開工。需要平整土地、開山鑿洞、修築隧道，由奧薩·本·伊思爾阿負責設計施工。他繪製了圖樣，用石板鋪設了路面，用粗石砌築了隧道。他所進行的全部工程全都受命於他的主人——穆蓋爾卜伊特阿·阿布。這個文書所記述的內容，無疑是王國的一項重要的土木工程；這項工程的艱鉅性和在設計施工中所必須具備的土力學、測量、材料、工藝等方面的科學知識就連現代人也為之驚嘆。更令考古學者們注意的是，上述工程負責人奧薩·本·伊思爾阿的名字，曾多次出現在王國的土木工程文書中，由此可見，他是古代南阿拉伯的一個名副其實、當之無愧的工程師。

　　除工程銘文外，蓋特班銘文中記載的有關立法的文書也受到了人們的高度重視。從蓋特班制定和公布刑法的過程，可以看出，古代南阿拉伯具有悠久的立法傳統和較完備的立法程式。譬如蓋特班的立法程式中有如下規定：只有國王有權頒布法律和發布執行法律的命令；由王公貴族、將相大臣、城市長官、部落首領等組成的全國議會負責起草法律條文，議會透過

後呈報國王批准並簽署發布。更為完備的是，在公布法律時，除有國王名字外，往往同時還公布參加議會的成員名單。這樣做的目的，很可能是為了顯示法律條款的權威性、嚴肅性和公正性，以便所頒布的法律更有效地在全國各階層貫徹實施。

　　蓋特班王國於西元前 1 世紀前後被賽伯伊人所滅，首都塔姆奈阿被大火所毀，全城被燒成灰燼，20 世紀 50 年代末在考古發掘中發現的大面積的灰燼層就是最好的證明。

▶示巴王國（西元前 750 ～前 115 年）

　　賽伯伊人的最初的定居點並不在葉門，他們是在古稱示巴王國（約西元前 12 世紀）時才從阿拉伯半島的中、北部沙漠地區遷移至南阿拉伯的。相對於麥因人他們在南阿拉伯活動的時間約晚 3 個世紀。示巴王國存在時期約為西元前 750 到西元前 115 年。示巴王國建立後，按統治者的稱號為象徵，分為前後兩個時期。前期（自西元前約 750 ～約前 450 年）稱作「穆蓋爾卜」即「近神者」時期；後期（自西元前約 450 ～約前 115 年）才有「梅裡克」即「王者」的稱號時期。這個由神權演變為王權的過程，與蓋特班王國的歷史程式如出一轍。賽伯伊人建立王國後實力大增，多次出兵討伐南阿拉伯的其他國家，先後侵占了麥因、哈德拉毛和蓋特班等國的大片領土，成為南阿拉伯的霸主。在它最強盛的時期，幾乎統轄了阿拉伯半島南部自波斯灣至紅海

的廣大地區。賽伯伊前後兩個時期的首都所在地各不相同,前期在錫爾瓦赫(在今沙那和馬里卜之間),後期在馬里卜。

　　賽伯伊人很擅長經商,他們傳統的經商路線,是沿紅海由南向北到達古代埃及、巴勒斯坦、敘利亞和兩河流域。除經商外,賽伯伊人也精於農業。在賽伯伊人的居住區建有十分完善的農業水利灌溉系統。賽伯伊人透過農業和經商活動使物質文化生活達到了較高的水準,在有些方面,就是同當時西亞、北非的文明古國,如埃及、巴比倫、猶太王國等比較也毫不遜色。

　　經歷了一段時間的繁榮後,示巴王國開始走下坡路,其中的一個重要原因是經濟受到挫折。西元前 3 世紀後,羅馬人致力於發展紅海貿易,這正是賽伯伊人的「地盤」,為了取得阿拉伯半島南北貿易的制控權,羅馬人千方百計扼制賽伯伊人沿紅海東岸的陸上交通,他們在半島北部設定了重重障礙,把賽伯伊人逼得無法從商,從而慢慢地蕭條下來。由於商業經濟的重創,給其他各行各業帶來了不利影響,其中波及了水利工程設施的整修,從而使農業的發展受到了影響。西元 6 世紀,馬里卜水壩因年久失修而大面積崩塌,致使大批賽伯伊人不得不往北遷移。自此,示巴王國全面走向衰敗,而新興的希木葉爾王國則替代了示巴王國的地位成為南阿拉伯的霸主。

▶希木葉爾王國（約西元前 115～西元 525 年）

　　自示巴王國衰敗後，阿拉伯半島南北貨運逐漸轉向紅海，這就直接導致了紅海海運業的興起，紅海海運的興起又使阿拉伯半島南部紅海沿岸的城市經濟獲得了較之於其他內地城市更有利的發展機會。阿拉伯半島西南部瀕臨紅海的希木葉爾人的勢力就是在這種天時、地利的機遇下日益壯大，到最後發展到建立了版圖遼闊西自紅海東至賽伯伊的統一王國。在這 640 年的王朝統治中，目前考古學者已發現了 28 位希木葉爾王國王存在的實證。希木葉爾王國的首都萊達即采法爾，距西南的穆哈港約 160 公里。由於希木葉爾王國的版圖包括賽伯伊地區，所以希木葉爾統治者素有「示巴 —— 萊達國王」的稱號。

　　據學術界考證，希木葉爾人實際是賽伯伊人和麥因人的一個分支，因此他們幾乎全面繼承了麥因 —— 賽伯伊文化和他們所擅長經營的商業和農業傳統。希木葉爾人所通用的希木葉爾語也與麥因 —— 賽伯伊語大致相同。為此，有的學者把希木葉爾王國看作是示巴王國歷史的延續而把它稱作「希木葉爾時代」。

　　希木葉爾王國建國後期，基督教在葉門地區傳播開來。信奉基督教的衣索比亞人聯合葉門基督徒，於 340 年起兵入侵葉門，並占領了部分地區。異族的入侵遭到葉門人，尤其是希木

葉爾人的頑強抵抗，終於在 38 年後趕走了入侵的衣索比亞人。

當希木葉爾王國最後一位國王祖‧努阿斯（西元 515 ～ 525 年在位）繼位後，基督教的勢力已不容小覷，祖‧努阿斯國王決意根除葉門的基督教在希木葉爾王國滅的影響。他強迫基督徒放棄信仰重新歸信原來的部落宗教，否則一律處以火刑。祖‧努阿斯對基督徒的迫害，激起了拜占廷人的極大不滿。拜占廷人於是以解救葉門基督徒為名，鼓惑衣索比亞人再次進兵葉門。衣索比亞軍隊在拜占廷帝國的支持下，戰勝了希木葉爾軍隊並對希木葉爾王國進行毀滅性破壞，燒殺擄掠無所不為，至此，希木葉爾王國滅亡。據傳，希木葉爾王國王祖‧努阿斯在大兵壓境、孤立無援的境地下，不願束手待斃而投海自盡。

希木葉爾王國亡國後，千千萬萬的葉門人因不堪忍受衣索比亞人的高壓血腥的統治，而暗中求救於波斯的薩珊王朝。575 年，波斯人趁機侵入葉門打敗了衣索比亞人，但命運多舛的葉門卻轉手又淪為波斯帝國的屬地。

▶納巴泰王國（約西元前 4 世紀～西元 106 年）

納巴泰人原為古代阿拉伯半島的一個游牧部落。主要活動在今阿拉伯半島西北部，毗鄰敘利亞的約旦境內。約在西元前 6 世紀末他們即游牧於約旦東部的沙漠邊緣地區，又向西侵入了約旦西南部死海與亞喀巴灣之間的埃多姆（舊譯以東）地區，

並占領了西亞重鎮佩特拉，後定為王都。佩特拉有非常多的岩石峭壁，納巴泰人占領該地後，為了抵禦外族入侵，在關隘險口、岩石嶙峋的山坡上修築了許多險峻的岩石城堡。建成後的佩特拉城堡居高臨下，形勢險要，構成西亞古代城市建築的一大奇觀。

佩特拉處於東至伊拉克、波斯灣，西至埃及、地中海沿岸的加沙，南至阿拉伯半島的葉門，北至大馬士革等古代商業重鎮的交通中心，具有優越的地理位置，並在納巴泰人的苦心經營下很快發展成為西亞地區重要的香料貿易中心，經濟十分繁榮。

佩特拉的經濟能得到迅速發展，與納巴泰人善於從事長途販運的商業傳統有直接關係。瀕臨地中海的加沙是阿拉伯半島經營海外貿易的重要港口，奈伯特商人利用加沙港緊鄰納巴泰人的勢力範圍這個有利的地理條件，壟斷了加沙絕大部分的進出口貿易。他們收購加沙進口的外國商品，販運至佩特拉賣給來自阿拉伯半島葉門、希賈茲等地的阿拉伯商人，然後再買進阿拉伯商人帶至佩特拉的阿拉伯半島出產的香料、乳製品等土特產，再販銷至加沙，如此循環。他們在加沙和佩特拉兩地來回倒賣，從中獲取鉅額利潤。

納巴泰人所統轄的埃多姆地區盛產銅和鐵，所以納巴泰人對銅、鐵器皿的製作和加工非常精通，然後將成品透過加沙運

銷包括希臘在內的地中海各國。佩特拉在溝通東西方貿易所發揮的重要作用，一直持續至西元 2 世紀，羅馬人占領佩特拉後因商路的改變，這種優勢才逐漸喪失。歷史上興旺、絢麗的佩特拉雖然沒有能再次復興，但佩特拉遺址卻一直是約旦王國境內享譽全球的名勝古蹟，直至今日，聳立在山坡巖崖上的奈伯特古城堡依然颯爽挺拔，令來自世界各地的旅遊者嘆為觀止，浮想聯翩。

因長期生活在沙漠邊緣地區，納巴泰人對變幻多端的沙漠特性十分熟悉。他們憑藉荒漠曠野的掩護，經常出沒於沙漠和綠洲之間並襲擊周圍鄰邦，劫掠錢財。納巴泰人對在沙漠地區如何尋找地下水源、如何貯存雨水等方面累積了豐富的經驗；而且出於防禦的需要，他們又具有隱蔽地下水井和蓄水池的高超技巧。他們所做的暗記，只有他們自己的本族人才懂得，至於外族人即使到達水井和蓄水池的所在地也因無法識別它們的出水口而望「水」莫及。納巴泰人利用他們的聰明才智，使生活在沙漠之外的鄰邦因不諳沙漠特性和缺乏軍旅所必需的水資源而不敢貿然深入納巴泰人的勢力範圍。因此，納巴泰人雖然長期處在亞述、米底、波斯等西亞強國的包圍之中，但在近 6 個世紀的漫長歲月中卻始終保持了自身的獨立而沒有被諸強所吞併。

據銘文記載，奈伯特王國在其最後一位國王馬爾柯三世

（101～106年）統治期間，國勢衰頹，西元106年最終被羅馬國王圖拉真（98～117年）所滅，後淪為羅馬帝國的一個行省，歸屬敘利亞總督科爾內留斯管轄。自此，曾強極一時的納巴泰王國不復存在。亡國後的納巴泰人因不堪忍受羅馬的迫害，紛紛棄家遠離，或移居新地，或投靠其他部落。年復一年，奈伯特王國在古代活躍於西亞的一段輝煌歷史也漸漸被世人所遺忘了。19世紀以來，由於奈伯特銘文在西亞的大量出土，才吸引了各國學者對研究奈伯特王國的歷史、文化、政治、經濟、典章等方面研究的廣泛興趣。

▶希拉國（西元3世紀～633年）

「希拉」坐落在今伊拉克境內庫法以南約3英哩處的納傑夫湖畔。阿拉伯語音譯「希拉」（alHirah），來自於阿拉術語的「Harta」，它含有「營地」、「棚屋」等意義。這很可能是從阿拉伯半島南部葉門遷徙至此的萊赫米人按阿拉伯部落的傳統生活方式搭建帳篷在此落戶形成棚戶區的原因。萊赫米人究竟何時到達希拉，目前並無定論，多數意見認為，大致在西元3世紀左右。希拉後來發展成為萊赫米人的一個城市，建國後定為希拉國的首府。

由於希拉坐落納傑夫湖畔又毗鄰幼發拉底河，那裡氣候溼潤，空氣清新，終年樹木繁盛，花草似錦，在古代被認為是阿

拉伯半島首屈一指的休閒勝地。在阿拉伯民間流傳的「留宿希拉一夜，勝似服藥一年」、「寓居希拉祛除百病」等民間諺語，雖有誇張之嫌，但也是對希拉自然條件的生動描繪。特別是希拉被定為希拉國的首府後得到了飛速發展，很快成為西亞地區的一個重要的政治、經濟、文化中心。許多文人墨客慕名而來，因此在古代阿拉伯文學作品中，希拉經常被提及，如在矇昧時期和伊斯蘭教初期的詩歌中，許多著名詩人都提到了它的名字。

　　萊赫米人在建立希拉國後依附了波斯帝國，是因為希拉的地理位置緊挨波斯以及波斯自身的發展歷史和政治軍事力量非常強大。當時的波斯帝國處於強大的薩珊王朝時期，當時它所面對的唯一強手就是在其西面的東羅馬帝國 —— 拜占廷。阿拉伯萊赫米人在希拉的出現和逐步走向繁榮也正是在這個時候。薩珊王朝為了鞏固政權，穩固取得不久的統一局面和有效地抵禦拜占廷的軍事入侵，同時考慮到西部國防特別是帝都泰西封安全的需要，認為利用希拉，為我所用，是一個適時的方針；而希拉國也希望能得到強國的庇護。因此波斯人對希拉國採取了收買、籠絡、扶植的政策。波斯承諾對希拉的保護並準其不納貢稅，而希拉則以在日後的波斯對拜占廷的對抗中效忠波斯作為交換條件。希拉甘願向波斯稱臣，而且名副其實地成為守衛波斯西部邊陲與拜占廷抗擊的前哨陣地。因此，波斯與希拉的關係非同尋常。據史載，希拉國王努爾曼一世（約 400 ～ 418 年）修建了豪華的赫瓦爾奈

格和薩迪爾宮殿。赫瓦爾奈格宮坐落在幼發拉底河河畔的棗椰林深處，巨大的宮苑中小河流水潺潺，奇草異木芬芳，景色十分秀麗。波斯國王葉茲德吉爾德一世（399～420 年）仰慕希拉的自然環境，就把王子送到了希拉。努爾曼不敢怠慢就把赫瓦爾奈格宮闢作波斯王子的寓所。努爾曼一世因修建了著名的赫瓦爾奈格宮而得了「赫瓦爾奈格苑主」的稱號。至於薩迪爾宮則是努爾曼用作招待外國使節的迎賓館。

希拉王國從西元 3 世紀至西元 633 年穆斯林將領哈立特‧本瓦立特占領希拉城的大約 400 年的歲月中，期間有較確鑿記載的希拉國王王表至少有 20 位。它的第一位國王名叫阿慕爾‧本‧阿迪；它的末代國王名叫孟迪爾‧本‧努爾曼‧本，由於穆斯林軍隊的占領，末代皇帝只坐了 8 個月的寶座。

縱觀希拉王國的文化，總體上受希臘、羅馬文化影響較深。它雖在政治上依附於波斯帝國，但文化上也同樣受到了波斯文化的浸透，又由於波斯在亞歷山大大帝東侵滅國後也經歷了幾百年的希臘化時期，所以在 7 世紀前的整個西亞地區，希臘、羅馬文化始終處於絕對領導的地位。

▶泰德穆爾（？～273 年）

泰德穆爾是一座敘利亞古城，它位於敘利亞中部敘利亞大沙漠，距西南方向的大馬士革約 230 公里。目前自伊拉克基爾

庫克至黎巴嫩的黎波里的輸油管道和其他穿越敘利亞的公路都途經泰德穆爾遺址。泰德穆爾四周為石灰岩丘陵，地下水源充足，是敘利亞沙漠中罕見的綠洲城市。泰德穆爾之所以能聞名於西亞諸城，與其優越的自然條件和重要的地理位置有著密切的關係。早在西元前 19 世紀的西亞泥板文獻中就記載了有關泰德穆爾的歷史數據。

處於地中海和波斯灣之間的泰德穆爾，自古就是世界連線東西方貿易的重要交通樞紐。在東面，它透過伊拉克至波斯灣與伊朗、印度、中國等東方國家發生連繫；在西面，它透過大馬士革至地中海沿岸的巴勒斯坦、埃及等港口與地中海國家包括羅馬帝國等西方國家發生連繫；在南面，它又與阿拉伯半島的香料、乳製品等傳統商品市場有著廣泛的連繫。在納巴泰王國首都佩特拉衰頹的同時，泰德穆爾抓住時機，使透過它的貿易活動更加頻繁，終於發展成為「絲綢之路」的要衝和西亞國際貿易的重鎮。

西元前 1 世紀，阿拉伯部落民出現於泰德穆爾城後，被稱為「泰德穆爾人」。他們仍然沿續著阿拉伯人的傳統以從事商業為主，同時兼營農業。大約經過近一百年的經營，泰德穆爾已成為一座經濟繁榮、政治穩定、人民生活富裕的城市，一躍而成為西亞著名的商業中心，許多希臘人、羅馬人、波斯人和猶太人都慕名遷居至此。泰德穆爾人以泰德穆爾為中心，逐漸向

四周擴張，終於成為控制該地區東西方貿易的仲介人。為了確保商品在長途運輸中的安全，免遭沿途部落和盜匪的搶劫，泰德穆爾建立了軍隊並在商道的關隘險口設定了武裝據點。由於泰德穆爾人訓練的軍隊驍勇善戰，並特別擅長於在沙漠中的戰鬥，所以出入泰德穆爾人控制地區的過境商品，因憚於他們的武裝力量，周圍的部落一般不敢輕易染指。經過長期的商業活動，泰德穆爾累積了大批財富，相應地，武裝力量也逐年不斷增強。在敘利亞境內，以東西商道為直徑的廣大地區事實上被泰德穆爾人所控制，具有區域性城市國家性質的泰德穆爾王國就是在這種形勢下建立、鞏固和發展起來的。

273 年，羅馬人入侵泰德穆爾，泰德穆爾由此陷落。羅馬軍隊入城後大肆燒殺擄掠，無所不為，全城幾乎被夷為平地。歷史上的泰德穆爾雖然被焚毀了，但是泰德穆爾所創造的高度發達的文化在阿拉伯文化史上仍占有光輝的一頁；女王宰奴比亞雖然以羅馬帝國的階下囚而了卻一生，但她在東西方文化交流史上所留下的精明、果斷、英武的光輝形象在經歷了千餘年仍栩栩如生並世代傳為佳話。摧毀後的泰德穆爾所留下的文化遺存儘管已成鳳毛麟角，但凡到敘利亞的旅遊者都會不辭旅途之勞頓，風塵僕僕地進入敘利亞大沙漠，以一睹這大漠深處的奇葩。

在泰德穆爾遺址，主要有一條長約 1,100 多公尺的通往貝爾（即太陽神）神廟的大道。神廟前建有巨大的拱門和柱廊，廊柱

多達 400 根，每根高約 16 公尺，目前還有 100 多根立柱儲存完好。除貝爾神廟外，城中還留有凱旋門、會館、劇場等遺蹟。泰德穆爾的墓葬形制多樣，墳塚的修建分塔式、穴式、神廟式等類型，在墓室內壁一般還繪製了死者的畫像。泰德穆爾的壁畫藝術也達到了較高水準，在西亞美術史上占有一定的地位。

▶伽珊王國（西元 5 世紀～ 636 年）

西元 273 年羅馬皇帝奧勒利安滅泰德穆爾國。至此，在伊斯蘭教誕生前阿拉伯半島北部具有較強獨立性的阿拉伯區域性小王國的歷史基本宣告終結。存留下的幾個較有名的阿拉伯小王國，如我們已述說過的希拉國和現在要講述的伽珊王國，大多喪失了自身的獨立性；前者是有名的波斯帝國的附庸國，後者則成了東羅馬帝國的附庸國。由於伽珊王國地處敘利亞羅馬帝國東部邊陲，因此它實際成了羅馬人抵禦防範波斯人入侵的前沿陣地。而迦薩尼和希拉兩國也一直處於敵對狀態，直到穆斯林占領時期。

「伽珊」實際是一條河流的名字。阿拉伯半島葉門的艾史特部族，約在 5 世紀前後分多批向北遷徙。其中有一個名叫傑夫奈的部落，他們向北遷徙至今約旦境內的白爾高地區，寄居於先於他們來自葉門的古達阿部族的蘇萊哈人的轄區。由於傑夫奈部落在迦薩尼河旁構築營地，周圍地區的部落民就隨口稱呼

他們為「迦薩尼人」，久而久之，這個稱謂被廣泛使用，而他們的本名反而逐漸被人遺忘了。

借住在蘇萊哈人轄區的迦薩尼人過著寄人籬下的生活，備受蘇萊哈人的剝削壓迫，如每個人每年必須向蘇萊哈人交納一至三個第納爾的人丁稅。約在 5 世紀中，迦薩尼人的勢力逐漸壯大。迦薩尼人因不滿蘇萊哈人的統治，發生了抗稅和殺害稅吏的事件，並由此引發了迦薩尼人和蘇萊哈人之間的爭戰。結果，迦薩尼人取得了勝利，他們從蘇萊哈人手裡奪取了統治權。此後，迦薩尼人的勢力範圍不斷擴大，遠達西奈半島、約旦和敘利亞東南部等地區。

關於迦薩尼人的建國年代，史學界致今還沒有定論。目前較多的看法則定在西元 5 世紀中葉，即基督教聶斯脫裡派在敘利亞等西亞地區興起的時代。關於迦薩尼的第一位國王，在各種傳述中也說法各異。根據黎巴嫩著名歷史學家哈姆宰・本・艾哈邁德（？～ 1520 年）考訂的迦薩尼王表，其第一位國王是傑夫奈，且在位期長達 45 年。另外，出生於迦薩尼時代、在伊斯蘭教初期被喻為「先知詩人」的哈薩尼・本・沙位元，曾在詩歌中炫耀自己含有迦薩尼王族的血統，他也同樣把傑夫奈認作迦薩尼的開國君主。而伽珊王國歷史上有確鑿記載的一位國王，是哈里斯・本・傑卜萊（529 ～ 569 年在位）。

史料中記載了這樣一段歷史：563 年 11 月哈里斯曾出訪拜

占廷首都君士坦丁堡，受到了盛大的歡迎和隆重的接待。據傳述，哈里斯與拜占廷皇帝查士丁尼一世商討了他身後的繼承問題。569 年哈里斯病逝，由其子門迪爾繼位（569 ～ 581 年）。門迪爾繼位後仍繼續貫徹敵視希拉的方針，對它發動了多次戰爭。580 年，迦薩尼人攻入了希拉城，大肆擄掠，並放火焚毀了城中的許多建築物，使希拉國遭受了慘重損失。

580 年門迪爾國王出訪君士坦丁堡，同樣受到了拜占廷皇帝的盛情接待，並餽贈給他許多稀世珍寶，其中包括一天價值連城的王冠。但好景不長，門迪爾隨即失寵於拜占廷。同年，拜占廷出兵敘利亞進攻波斯。當拜占廷大軍抵達幼發拉底河時，發現大橋被毀，大軍根本無法前進，只得被迫後撤。拜占廷皇帝即懷疑門迪爾暗中勾結波斯，於是不問青紅皂白把他抓了起來並放逐至西西里島長期幽禁。門迪爾被放逐後由他的兒子努爾曼繼位（581 ～ 583 年在位），努爾曼之後伽珊王國逐漸走向衰微。613 年波斯帝國西侵，在攻占耶路撒冷和大馬士革的軍事行動中也殃及伽珊王國而使之受到了重創。伽珊王國的末代國王傑卜萊‧本‧艾伊罕（約西元 635 ～ 641 年在位）曾協同拜占廷反對穆斯林的進軍。636 年穆斯林與拜占廷之間爆發的耶爾穆克戰役，傑卜萊也出兵支持拜占廷反對穆斯林，結果穆斯林贏得了勝利，占領了敘利亞全境，伽珊王國消亡。傑卜萊在穆斯林占領時期，出於軍事壓力被迫歸信了伊斯蘭教，但不久即尋

找機會逃往君士坦丁堡，後病逝於該城。

伽珊王國通用阿拉伯語，書面語言則以阿拉伯術語為主。居民多信奉基督教，屬敘利亞的一性派。文學、藝術、建築等文化領域也深受希臘、羅馬的影響。

阿拉伯帝國的興衰

四大哈里發時期

「哈里發」是阿拉伯語音譯，意為伊斯蘭教代理人，繼承者。四大哈里發指的是先知穆罕默德事業的四位繼承人。632年穆罕默德逝世以後，由穆斯林公社依次選舉出阿布‧巴克爾（632～634年在位）、歐瑪爾（634～644年在位）、鄂圖曼（644～656年在位）、阿里（656～661年在位）四人作為他的繼承人。四大哈里發相繼掌管宗教、政治、軍事、經濟大權近三十年之久。四大哈里發既是當時社會上很有權勢和地位具有較大影響的人物，同時又是穆罕默德的近親和密友。在他們的統治期間，經過鎮壓阿拉伯各氏族部落的反抗和不斷向外擴張，不僅鞏固了伊斯蘭教在阿拉伯半島的統治地位，而且向著半島以外更廣闊的地區發展，可以說既忠實又有效地繼承了穆罕默德的事業。

第一位哈里發阿布‧巴克爾是古萊什貴族中的一名首領。他是穆罕默德的密友，是穆罕默德開始傳教時的第一位信徒，與穆罕默德形影不離，是穆罕默德的得力助手。在阿布‧巴克爾的影響下，古萊什貴族中許多重要人物相繼皈依了伊斯蘭教。後因穆罕默德娶阿布‧巴克爾幼女阿依莎為妻而成為穆罕默德的岳父。阿布‧巴克爾就任哈里發僅兩年時間就病逝了，在他就任期間，他幾乎完全忙於鎮壓反對麥地那政權的各反叛

部落。阿布·巴克爾繼位以後，面臨著十分嚴峻的政治形勢。
當時的阿拉伯半島充斥著敵對的勢力，危機四伏，狼煙遍野，
哈里發國家大有搖搖欲墜之勢，先知穆罕默德締造的事業走到
了瀕臨夭折的邊緣。

　　為了鞏固伊斯蘭教政權，阿布·巴克爾同時派出 11 路大
軍，對各地的暴動進行武力鎮壓，強大的軍事行動在短時期內
取得了全面勝利。阿布·巴克爾在伊斯蘭教面臨危機時刻，果
斷地鎮壓了暴亂，使半島又歸於統一。阿布·巴克爾終於完成
了穆罕默德生前未完成的事業，整個阿拉伯半島範圍內的阿拉
伯人最終實現了由原始社會邁向文明時代的深刻的歷史變革。
北部的羅馬和波斯帝國曾支持叛教運動，妄圖分裂半島。阿
布·巴克爾對外敵也是毫不手軟，在安內取得勝利後，隨即向
羅馬、波斯進軍。阿布·巴克爾在任期間，是伊斯蘭教鞏固發
展的關鍵時期。

　　第二任哈里發歐瑪爾統治半島時期，是伊斯蘭教勢力的全
面擴張的階段。歐瑪爾是麥加有威望的貴族商人，生於麥加古
萊什部落的阿迪家族。他具有很強的洞察力，對阿拉伯人的本
性瞭如指掌，對阿拉伯人的本性有很強的洞察力，在做出權衡
後，他準備用一場有組織的對外戰爭來取代阿拉伯部落之間的
內戰。為了加強軍事力量，他根據部落結構把半島的游牧民組
織成軍隊，從而使游牧精神與伊斯蘭教精神達到統一，利用阿

拉伯人的部落和尚武精神來加強伊斯蘭教的勝利，使伊斯蘭教變成了一種征服和建立帝國的宗教，而不僅僅是初期服從、獻身、謙卑的虔誠信徒的宗教。歐瑪爾任哈里發的 10 年中，是在東征西討的聖戰中度過的。在《古蘭經》「為阿拉之道而與不信的人進行戰鬥」的號召下，他率領阿拉伯人在幾年之內征服了廣大土地。到他去世時，巴勒斯坦、敘利亞、伊拉克、利比亞和埃及均被納入伊斯蘭教的勢力範圍，波斯的大部分領土也已被占領。西元 634 年，歐瑪爾統帥著東西兩路穆斯林軍隊向羅馬帝國發起進攻。這兩支軍隊的將領，一個是被穆罕默德譽為「阿拉的寶劍」的哈立德，另一個是阿布‧蘇富揚之子耶吉德。他們首先進攻敘利亞，羅馬軍隊慘敗，穆斯林軍隊攻占大馬士革城，隨即進攻巴勒斯坦，迫使耶路撒冷投降，並接連占領了地中海東岸各城市，穆斯林軍隊銳不可擋，勢如破竹。639 年，穆斯林軍隊接連占領了開羅、亞歷山大等城市，東羅馬帝國宣布投降。與此同時，歐瑪爾繼續派兵進攻伊拉克，占領了整個美索不達米亞平原地區。到 643 年，波斯帝國的大部分領土已被穆斯林軍隊占領，波斯皇帝四處逃亡，薩珊王朝不久即宣告結束。歐瑪爾在被征服地區制定了一系列的政策和措施，不僅達到了安撫廣大穆斯林的目的，而且還吸引了新皈依者不斷湧入，整體性的伊斯蘭事業就是在這個時期發展起來的。遺憾的是，644 年，正當歐瑪爾的權力和威望達到頂峰時，由於樹敵太

多，在一次舉行晨禮時，慘遭殺害。

　　第三任哈里發鄂圖曼是前麥加統治氏族伍麥葉族的富商，曾先後與穆罕默德兩個女兒結婚。歐瑪爾臨終前，指定六位聖門弟子組成了選舉委員會。經選舉，鄂圖曼繼任哈里發。鄂圖曼在位時期，規定了《古蘭經》的標準本，沿用至今，稱為「鄂圖曼定本」。鄂圖曼繼承了第二任哈里發的事業，並在遠征勝利有利形勢下，繼續進行聖戰，先後征服了亞美尼亞及北非地區，鎮壓了波斯等地的反抗。從632年穆罕默德去世起至鄂圖曼哈里發被害時止，二十餘年間，伊斯蘭教政治軍事力量不僅再一次統一了阿拉伯半島，而且衝出了半島的範圍，將勢力擴充至亞洲、非洲，北部占領了敘利亞、伊拉克、亞美尼亞直至裏海沿岸；東北部到達呼羅珊地區；西部占領約旦、巴勒斯坦、埃及、北非及地中海東部島嶼。自此，穆斯林占領了波斯與東羅馬兩大帝國的大部分土地，並在此基礎上形成了中世紀新的強大的阿拉伯帝國。在鄂圖曼統治後期，大規模的征服戰爭逐漸趨於停頓，一度緩和了的穆斯林內部各種矛盾，又突顯出來。656年6月，鄂圖曼被第一任哈里發阿布·巴克爾之子穆罕默德帶領兩名埃及人刺殺，由此拉開了伊斯蘭教歷史上第一次內戰的序幕。鄂圖曼是第一個死於穆斯林之手的哈里發。鄂圖曼的遇難代表著伊斯蘭歷史程式的重大轉折，展現了麥地那時代共和政體的深刻危機。殘酷的殺戮和激烈的權力角逐，使哈里發

國家的聖潔形象蕩然無存。

第四任哈里發阿里是穆罕默德的堂弟和女婿。在鄂圖曼被刺後，麥加和麥地那的貴族上層馬上召開選舉會議，選舉阿里繼任哈里發，並定都於庫法。阿里繼位之初，也面臨著嚴重的政治危機。這種危機來自穆斯林內部的對抗，尤其是來自哈里發國家核心集團的權力爭奪。阿里繼位後，曾經參與競爭哈里發職位的脫勒哈和祖拜爾聯合阿市·巴克爾的女兒、穆罕默德的妻子阿依莎以武力威脅阿里，公然反對阿里的統治。656 年，兩軍在巴斯拉附近相遇，結果阿里的軍隊擊敗了叛軍。這是穆斯林之間的第一次戰役。因阿依莎作戰時騎著駱駝，故稱之次戰役為「駱駝戰役」。在這次戰爭中，脫勒哈戰死，祖拜爾逃回麥地那，阿依莎被俘，許多聖門弟子在這次戰役中喪生。駱駝戰役後，更難對付的敵手 —— 伍麥葉家族的穆阿維亞出現在阿里面前。穆阿維亞是在對外征戰中成長起來的貴族軍事首領，在敘利亞經營了 20 年，實力不容小覷。鄂圖曼被刺後，他立即在敘利亞宣稱自任哈里發。穆斯林向第四任哈里發阿里宣誓效忠阿里斥責他違反了伊斯蘭教的傳統，不服從哈里發的命令，並要免去他的官職。雙方矛盾已到了不可調和的地步，於是，西元 657 年，雙方交戰於幼發拉底河中游的綏芬，稱「綏芬之戰」。在這次戰役中，穆阿維亞提出「依經判斷」的建議。阿里集團內部在就這個建議問題上發生激烈的爭論，阿里明知是

計，但在一部分主和派脅迫下接受了仲裁；這引發了另一部分主戰派則對阿里極端不滿，並從阿里的追隨者中退出，成為阿里的反對派。這是伊斯蘭教歷史上最早出現的教派。阿里為了消滅這派勢力，曾派兵剿殺他們，發生了有名的「拿赫魯宛之戰」。阿里雖獲勝，但終未消滅這股勢力。661 年，阿里被一名反對派分子刺殺。阿里被殺後，庫法人主張由其子哈桑任哈里發。然而，哈桑或許出於對穆斯林內部權位爭奪的厭倦，或許對自己的支持者的力量缺乏足夠的信心，主動致函穆阿維亞請求和解，承認穆阿維亞出任哈里發的合法地位，並且隱居麥地那。於是穆斯林結束內戰，伊斯蘭世界恢復了統一和相對平和的狀態。正統的四大哈里發時期也隨之結束。

四大哈里發時期，在哈里發政權體制下，仍保留著穆罕默德時期理想主義的神聖社會形式，其架構基本上沒有王權的成分。穆阿維亞的繼任代表著神聖的哈里發體制結束了，隨之而來的是為世俗王權而展開的爭鬥。由純粹的哈里發時代過渡到哈里發權力與王權結合的時代，使伊斯蘭社會理想與現實的衝突日趨明朗和尖銳。

伍麥葉王朝

　　伍麥葉王朝是麥加古萊什部落伍麥葉家族所建立的王朝。伍麥葉家族早在矇昧時期就是一個顯赫的家族，具有數不盡的財富和較高的聲望。最初，他們強烈反對伊斯蘭教。後來，在穆罕默德攻克麥加時，被迫信奉伊斯蘭教，但入教後熱情極高，作戰英勇，家族中許多人成為著名的將領。伍麥葉人對政權的覬覦，自鄂圖曼出任哈里發時就已經開始。他們一直為建立一個伍麥葉人的哈里發政權而奮鬥，這個願望終於在西元661年由穆阿維亞實現了。在新的時代，哈里發國家的重心所在由希賈茲轉移到敘利亞，阿拉伯國家的政治制度由共和制轉變為君主制。

　　穆阿維亞是一個真正的穆斯林和優秀的君主，與其說他是一個哈里發，不如說是一個國王。穆阿維亞生活在不同於先知及正統哈里發的時代，因為他所建立的伍麥葉王朝存在高度的世俗性。從661年至750年，伍麥葉王朝大約存在90年，共傳14任哈里發。

　　伍麥葉王朝在當時稱得上是一個版圖廣大的帝國。在這個大帝國中，有著各種民族、語言和宗教，但其核心力量是阿拉伯人和信仰伊斯蘭教的各族穆斯林。

　　伍麥葉王朝主要在三個戰場進行它的擴張。第一個戰場是

小亞細亞，在這裡穆斯林軍隊並未取得多大的勝利。第二戰場在北非和西班牙，在這裡穆斯林軍隊戰勝了羅馬人，臣服了柏柏人，在沿海地區較遠的一個綠洲建立了凱魯萬城，作為長久性的軍營駐地，以便保衛埃及，抗擊羅馬勢力。711 年，柏柏人在阿拉伯將領塔立格指揮下，組織遠征隊，渡過直布羅陀海峽，推翻了西哥德人的王國。然後，又越過庇里牛斯山，進攻法蘭克西南部。732 年，在穆罕默德逝世 100 年之際，伍麥葉軍隊被法蘭克的基督教領袖查理・馬特在都爾城附近打敗。第三戰場是阿姆河、錫爾河流域及信德（印度）地區，伍麥葉人派遣兩支軍隊進行東征，一支朝東北方向進攻阿姆河與錫爾河流域；另一支朝東南方向進攻信德地區，最終征服了錫爾河、阿姆河沿岸及布哈拉一帶的中亞地區。隨後繼續擴張，占領了阿富汗和印度西北部，其勢力直達中國西部邊境。

自從穆阿維亞遷都到敘利亞的大馬士革以後，伍麥葉的哈里發就以敘利亞為中心，統治著這個龐大的帝國。哈里發帝國的中心，實際上已從麥加、麥地那轉移到敘利亞和美索不達米亞。隨著軍事擴張，被征服地區的人民大量地改信了伊斯蘭教。在這個龐大的帝國內，民族關係變得空前複雜。

西元 750 年 1 月，伍麥葉王朝的軍隊在底格里斯河上游支流扎布河畔覆沒，末代哈里發麥爾旺二世西逃，敘利亞各地紛紛歸順阿拔斯人。750 年 8 月，麥爾旺二世在埃及的布希爾遭阿

拔斯追殺而死，伍麥王朝至此宣告滅亡。伍麥葉王朝的覆滅，這也意味著阿拉伯人統治時代的結束。

阿拔斯帝國

　　阿拔斯帝國是繼伍麥葉王朝後第二個阿拉伯帝國王朝。從西元 750 年開始至 1258 年蒙古人占領巴格達才告結束，統治時間長達 5 個世紀。762 年，哈里發將首都從庫法遷往巴格達。

　　阿拔斯帝國的建立，得利於伍麥葉王朝各地人民起義。伍麥葉王朝後期，內部矛盾已到了不可調和的地步：什葉派主張阿里的後裔復辟；哈瓦利吉派反對世襲制，要求恢復公選哈里發的軍事民主制；新穆斯林、非穆斯林、波斯人、美索不達米亞人堅決反對王朝的經濟和宗教的壓迫制度；古萊什部落的哈希姆家族與伍麥葉家族的歷史性對立，在哈里發問題上更加尖銳化。統治階級內部都各持己見，不做讓步，內部混亂，給了外部被統治階級反抗的機會，起義遍及各地，王朝極速衰弱。正所謂時世造英雄，在這樣的背景下，新王朝的締造者阿布·阿拔斯（西元 750 ～ 754 年在位）應運而生。阿布·阿拔斯是久居伊拉克的阿拉伯貴族，屬古萊什部落哈希姆家族，自稱穆罕默德後裔。伍麥葉王朝的衰弱給了他及其家族一個大展宏圖的大好機會，他們以呼羅珊為根據地，展開了一系列反對伍麥葉

人的大規模宣傳鼓動工作，並充分利用伍麥葉統治階級內部的各種矛盾，煽動並組織起聲勢浩大的反對伍麥葉統治的運動。在起義軍的猛烈進攻下，搖搖欲墜的伍麥葉王朝很快就垮台了。而後，阿布‧阿拔斯稱帝，建立了阿拉伯帝國的第二個王朝──阿拔斯帝國。阿拔斯帝國的建立，代表著伊斯蘭世界的歷史進入了嶄新的階段。

阿布‧阿拔斯在坐享伍麥葉王朝打下的大片疆土的同時，認識到新王朝的歷史使命不再是大規模的對外擴張，它僅在地中海征服了西西里、克里特和其他一些較小島嶼。阿拔斯帝國將大部分的精力放在了發展阿拉伯帝國的政治、經濟、文化等各方面繁榮，並取得了輝煌的成就，它在阿拉伯帝國內創造了高度發達的伊斯蘭文明。阿拔斯帝國在伊斯蘭文明史上占有舉足輕重的地位。

阿拔斯帝國的建立，代表著正統哈里發時期純粹的哈里發政權時期的結束，它是以哈里發權力與世俗王權並存的形式出現的。絕大多數哈里發的身上都流著異族人的血液，國家軍政大權經常旁落在異族人手中。王朝發展到中後期，哈里發則徒有其名，實際上已是名存實亡，並無實權，中央政權有時甚至落入非阿拉伯人之手。各個地方王朝只在表面上接受一位阿拉伯人出身的哈里發，其實是各自為政。純粹阿拉伯人統治的時代已經終結，取而代之的是阿拉伯貴族和非阿拉伯貴族的聯

合統治。阿拉伯血統不再像以前那樣至高無上。這一時期，阿拉伯伊斯蘭文化在阿拉伯人和非阿拉伯人的相互融合、相互吸收、共同發展中趨於成型，大部分伊斯蘭學科、特別是歷史學和聖訓學在這一時期得到了長足發展。

9世紀中葉以後，哈里發大權旁落，突厥軍人當政，成為王朝衰落的一個重要因素。事實上，阿拔斯帝國的分裂自王朝建立之初即已開始。王朝統治下的許多不同的國家和民族，極力想恢復他們的獨立，他們支持本地的總督，建立自己的地方王朝。當伍麥葉人遭到慘殺時，王子阿卜杜拉赫曼從大馬士革逃亡，取道非洲，趁著埃米爾人、柏柏人、阿拉伯人互相爭鬥之際，自立為西班牙的總督，宣告脫離阿拔斯的統治（756年）。以後北非方面的摩洛哥（788年）、突尼西亞（800年）也先後宣告獨立。919年，突尼西亞法蒂瑪一族的領袖自稱是阿里後裔，便以哈里發自命，勢力擴張到除摩洛哥之外的整個北非。他們於969年征服埃及，以開羅為獨立王國的首都。971年他們攻占了屬於巴格達哈里發轄地的敘利亞地區。同時，西班牙的伍麥葉總督阿卜杜・拉赫曼第三（912～961年）也自稱是科爾多瓦的哈里發。繼而東西各小國紛紛獨立，形成事實上的分裂局面，與後期阿拔斯帝國同時並存的王朝有塔希爾王朝（820～872年）、薩法爾王朝（867～903年）、薩曼王朝（962～1186年）、布韋希王朝（945～1055年）、哈木丹王朝（929～991年）、塞

爾柱王朝（11 世紀）、突倫王朝（868 ～ 905 年）、伊赫希德王朝（935 ～ 969 年）、法蒂瑪王朝（909 ～ 1171 年）等。

西元 11 ～ 13 世紀，阿拔斯帝國已名存實亡，而歐洲的封建主、大商人和天主教會趁機以維護基督教為名，向伊斯蘭國家發動了侵略戰爭。11 世紀初，西歐的城市和商業發展了，與拜占廷和亞洲的交通也一天天加強了。隨著封建制度的發展，西歐的封建領主對財富的慾望也越來越強烈。11 世紀中期，西歐社會出現了「騎士」階層。騎士是封建主在少年時代受過軍事訓練以後才獲得的稱號。西歐的封建領主和騎士，除加重對農民的剝削以外，更羨慕拜占廷和伊斯蘭國家的財富，連睡夢裡都想到東方去開闢天地。羅馬教皇也想擴大自己的權力，渴望征服拜占廷教會，把基督教的勢力範圍擴張到伊斯蘭教各國。

1095 年，羅馬教皇烏爾班二世在法蘭西的克萊芒召集宗教大會，參加大會的不僅有宣教士，而且有封建主、商人和農民。教皇向大會發表演說，號召大家到耶路撒冷去，從「異教徒」手中解放「主的聖墓」，同時他說東方有大量戰利品在等待著征服者。這一號召受到熱烈的擁護，出席者宣誓出發遠征。為了表達這次遠征的意義，他們在自己的衣服上縫上紅十字，因此參加東征者稱「紅十字軍」。這次十字軍遠征對伊斯蘭教與基督教的關係具有深遠的影響。伊斯蘭國家對十字軍東侵的反抗鬥爭綿延了二百餘年，最終以十字軍的失敗而告終。

雖然十字軍東征在客觀上促進了東西方貿易的交流擴大，並加速了伊斯蘭文化向西歐的傳播。但由於十字軍的劫掠和暴行，給東方伊斯蘭國家的經濟和文化帶來了前所未有的嚴重的打擊。

　　正當西歐的基督教國家和東方的哈里發帝國打得兩敗俱傷的時候，蒙古帝國建立起來了。1258 年，蒙古人攻陷巴格達，結束了阿拔斯帝國的統治。

伊斯蘭

——阿拉伯文化的源泉

「先知」穆罕默德

伊斯蘭教的創立者是阿拉伯人的「先知」穆罕默德。

穆罕默德在阿拉伯語意為「聲望很高的人」。他大約出生在570年，是一個遺腹子。在他 6 歲時，母親阿米娜死於從麥地那返回麥加的歸途中。他從小就由祖父阿布杜‧穆塔里卜和叔父阿布‧塔里布撫育長大。穆罕默德沒有受過正規的學校教育，從小就從事牧羊等力所能及的勞動。

穆罕默德 12 歲時，跟隨叔父阿布‧塔里布隨一支商隊前往敘利亞，在回家的路上他偶遇了一位基督教隱士貝希拉，這位基督教隱士神奇地預言了穆罕默德的未來。

25 歲時，穆罕穆德受僱於富孀赫蒂徹‧賓‧胡韋利德，替她經辦商務。穆罕默德的精明給她留下了深刻的印象，她被穆罕默德的某種魅力深深吸引。為了自己的幸福，大膽的赫蒂徹主動跟穆罕默德求婚，那時，她已經年近 40 歲了。婚後，她為穆罕穆德生了四男兩女，其中兩個兒子夭折。

與赫蒂徹結婚使穆罕默德的生活條件有了大的改觀，從此擺脫了貧寒困境。而且，赫蒂徹對他的信任和支持，特別在伊斯蘭教的初期階段，對穆罕默德起了決定性的影響。他們的婚姻生活非常完美。

穆罕穆德在生活上無後顧之憂後，就可以在閒暇時間去思考他感興趣的問題。他在 35 歲時得到了「艾敏」（忠實可靠者）的稱號。穆罕默德將近 40 歲時，常到麥加城北 5 公里的希拉山上去，在一個山洞裡靜居隱修，晝夜沉思瞑想。西元 610 年的一天夜晚，他在希拉山洞裡忽然接到「蒙召」的「啟示」。後來，那夜就被伊斯蘭教稱為「高貴之夜」或「授權之夜」。

在此後的一段時間裡，穆罕穆德不斷接到透過聖靈降臨的啟示，剛開始他認為聖靈就是天使伊斯拉菲勒，後來才確認為哲伯勒依來（即《聖經》中的天使加百列）。

穆罕默德的傳道活動是在他的至親密友中開始的，他的妻子赫蒂徹就是他的第一個皈依者。最早的信徒還有他的堂弟阿里（由他收養）和釋奴宰德·本·哈里斯（他的義子）。除至親外，密友中的阿布·巴克爾是最重要的人物。跟隨他加入伊斯蘭教的還有賽爾德·伊本·艾比·瓦嘎斯、脫勒哈·伊本·阿布杜拉、祖白爾·伊本·奧瓦木、阿布杜·拉赫曼·伊本·奧弗、鄂圖曼·伊本·阿凡。此後，在他的影響下，就連阿布·歐拜德·伊本·哲拉哈等人也皈依了伊斯蘭教。

經過三年的準備和醞釀，穆罕默德大約在 613 年開始公開傳道。他向人們傳達阿拉啟示的警告，號召他們趕快改悔，以免在即將來臨的末日審判時被罰入火獄。

穆罕默德最初的布道很順利，並沒有遇到阻撓，很快就集合了 40 多名皈依者。這批早期信徒中成分各不相同，有麥加統治氏族和家族的失意子弟，有中小氏族的重要成員，還有各氏族的依附民、釋奴和奴隸。但這些人自身都不同程度地受到損害和排擠，且對於背棄傳統的美德和榮譽觀念，不顧一切地聚斂錢財和控制貿易的做法非常不滿。穆罕默德向他們傳達的「啟示」，提供了對現實社會的說明，主張以順服阿拉的同教情誼作為社會的基礎，反對以金錢關係取代氏族的血緣關係。這些主張正是迎和當時大多數的心理，為以後伊斯蘭教的壯大打好了基礎。穆罕默德強調，末日審判完全是針對個人行為的裁決，與血緣和氏族關係毫不相干，遵行天啟誡命而不斷淨化自己的信徒就是一名穆斯林。

西元 615 年，穆罕默德宣讀了一節經文，承認三女神能替人向阿拉說情解脫罪惡，這就是傳說的「魔鬼的啟示」。

接著，穆罕默德宣布，他得到天命的證實，這節經文是由魔鬼作祟加入「啟示」的謊言。事實上，這很可能是穆罕默德為爭取部落上層而作出妥協的嘗試。但他很快就認識到，這意味著放棄自身生存和發展的權利。在這個關鍵的問題上，他退無可退，只有以「阿拉的授權」為根據，與麥加的拜物教徹底決裂。

從此，阿拉的唯一性和偶像的虛妄代替末日審判的預言，

伊斯蘭教的發展進入了另一個新的階段。

從 615 年起，穆斯林開始遭到麥加反對派的喝斥和羞辱。身體上，穆斯林們受到襲擊和毆打；在經濟上，他們遭到拒絕償還債務、沒有人與他合夥經營的境地；在氏族內部，特別是信奉穆斯林的奴隸和依附民的遭遇更加悲慘，他們受到虐待，以強迫他們放棄這種信仰。

在這種不利情況下，先後有兩批穆斯林遷移到阿比西尼亞（今日衣索比亞）避難，在那裡，他們得到了信奉基督教的阿克蘇姆王國的庇護。穆罕默德及其主要信徒依賴氏族的保護繼續堅持傳道。

麥加的貴族統治集團擔心穆罕默德的活動會影響整個部落的統一和經濟利益。他們感到穆罕默德作為先知的政治含義給他們統治帶來的壓力，特別是穆斯林們低下的社會地位，使他們感到自身利益隨時受到威脅。而且，伊斯蘭教的經文中內含的批判鋒芒，終將導致在教義上阿拉與偶像的勢不兩立，於是，他們加劇了對穆斯林在政治和經濟上的迫害。

619 年，赫蒂徹和阿布‧塔里布先後去世，這對穆罕默德來說在主觀上和客觀上都是不小的打擊。作為穆罕默德的教父，阿布‧塔里布雖然沒有皈依伊斯蘭教，但他卻堅定不移地保護他的姪子。穆罕默德的另一位叔父阿布‧拉哈布繼任族長，他

是新宗教的激烈反對者。阿布·拉哈布身為族長不能對穆罕默德加以保護，伊斯蘭教在麥加非但沒有取得進一步的發展，反而面臨夭折的危險命運。現實迫使穆罕默德離開他的族人，到部落以外去謀求伊斯蘭教的生存和發展。

穆罕默德來到塔伊夫，試圖在塞基夫部落尋求支持和保護，或在那裡建立穆斯林的居留地。但他失敗了，人們不僅嘲笑他，還拋擲石頭驅趕他，他不得不跑到麥加一位反對派的果園去避難，不斷祈求「真主的保護」。後來他在另一氏族族長的庇護下，才得以安全返回麥加。

就在穆罕默德走投無路的時候，發生了「夜行與登霄」的奇蹟。據穆斯林傳說，穆罕默德在一夜之間就從麥加到了耶路撒冷，並從那裡上升到第七層然後順利地返回麥加。

當穆罕默德公開宣揚他奇特的經歷後，曾一度遭到古萊什人的嘲笑和懷疑。但阿布·巴克爾對此堅信不疑，這樣才制止了部分穆斯林的動搖。對於處在最困難時刻的穆罕默德，這次「夜行與登霄」不失為一次令人欣慰和激奮的宗教經歷，是伊斯蘭教要發生重大歷史轉折的前兆。

在 620 年的朝覲季節，穆罕默德趁機向來自各地的阿拉伯人宣傳教義。其中有六名麥地那的哈茲拉古人在烏卡茲集市遇上穆罕默德，對他的布道開始發生興趣並有皈依伊斯蘭教的打

算。翌年，12 名麥地那人再次前來，與穆罕穆德達成初步協定。穆罕默德派了一名親信隨同他們回去，並開始在麥地那發展信徒。這樣，伊斯蘭教除了與猶太部落雜處的一個氏族外，幾乎每個氏族都多多少少有了皈依者。622 年 6 月底，75 名麥地那的穆斯林代表來到麥加，正式邀請穆罕默德前往麥地那定居，希望他能夠調解奧斯部落與哈慈拉吉部落之間多年的爭端，這就是著名的「阿克巴誓約」。此時的穆罕默德雖然未能使他的族人改變信仰，但他的高貴品質和政治才幹卻已名聲在外。麥地那人從社會現實出發，在穆罕默德騎著駱駝，率領他的戰士在拜德爾之戰中迎戰麥加的軍隊。及其一神教教義中，看到了一位具有宗教權威的阿拉伯領袖，及制止內部仇殺、實現統一的希望。

穆罕默德在麥加努力了一段時間後，確信他在麥加的傳道肯定不會取得成功。因此，他敦促所有的穆斯林遷居麥地那。大約在三個月的時間內，穆斯林就分批離開了麥加。622 年 9 月 24 日，穆罕默德和阿布·巴克爾抵達麥地那南郊的庫騢，受到了麥地那人的熱烈歡迎，這就是著名的「希吉拉」（遷徙），這一事件是伊斯蘭教發展史上的一個重要轉捩點，代表著麥加時期的終結和麥地那時期的開始。17 年後，穆斯林領悟到這一事件的歷史意義。所以，歐瑪爾決定，以遷徙這一年的太陽年歲首（7 月 16 日）作為伊斯蘭教新紀元的起點。

在麥地那時期，穆罕默德關於阿拉獨一和無限威力的說教、關於現世浩劫和末日審判迫近的警告、對古代民族遭遇厄運懲罰的渲染，以及對追逐財富的譴責和對道德正義的申張，吸引了廣大窮苦的麥地那人，因為所有這些都變相地迎合了他們的願望和要求，給麥地那人帶來結束戰爭、實現和平的希望。

麥地那社會的現實需要，促使大批部落民皈依伊斯蘭教，如此一來，迫使氏族首領們接受了穆罕默德的先知地位。穆斯林遷徙麥地那以後，伊斯蘭教成為支配麥地那人的意識形態力量。

穆罕默德與各個氏族集團訂立了一系列的協定，組成一份「麥地那社團章程」，作為烏瑪的「憲章」。開始它還只是一個由不同血緣和信仰的全體居民組成的地域性組織，不久，它就成為單一信仰的穆斯林公社。

烏瑪的建立，為在麥地那建立統一的民族國家邁出了決定性的第一步，成為後來的哈里發國家的雛形。

起初，穆罕默德在公社內部也並不是一帆風順的，也是困難重重。穆罕默德的信徒也分幫結派。從麥加遷來的穆斯林被稱為「遷士」（穆哈吉勒），忠實地支持著穆罕默德，但人數不多。麥地那的穆斯林被稱為「輔士」（安薩爾），雖然他們有服從穆罕默德的義務，但他們只是表面上接受新宗教，而內心依然

保持懷疑和不悅，有時甚至在暗地裡夥同猶太人反對他。穆罕默德對這一部教徒採取安撫政策，並給予他們明顯的利益，從而使他們逐漸轉變態度。

自此，隨著麥地那社團內部的宗教矛盾逐漸解決，麥地那社團轉變為一個受到四周游牧部落崇敬的政權，穆罕默德也自然而然成了無可爭議的社團領袖。阿拉是社團的最高統治者，透過他的使者發號施令。「誰服從使者，誰確已服從真主。」穆罕默德在麥地那的地位由此得到確立。

聖城麥加

麥加，是伊斯蘭教的聖地。每天，全世界億萬穆斯林在各個角落向著聖城的方向虔誠地進行禮拜，唸誦著相同的禱文；每年，都有上百萬穆斯林從世界各地來到麥加朝覲，完成他們的宗教禮儀，14 個世紀以來從未有過改變。禮拜和朝覲是伊斯蘭教五功中的兩大要素。穆斯林一生中一般都會盡自己所能去麥加朝覲一次。現在的聖城麥加，是伊斯蘭世界的「諸城之母」。為保持其宗教聖潔，麥加周圍方圓 15 公里內，絕對禁止任何非穆斯林涉足。

麥加的名稱源於南阿拉伯語「穆卡拉瑪」，意為「聖地」。追溯麥加歷史，它還早於伊斯蘭教產生之前。麥加位於阿拉伯半

島西部塞拉特山地的一條狹窄的山谷裡，四周群山環抱，乾燥酷熱，水貴如油，寸草不生。但由於它位於南達葉門、北抵敘利亞、東至波斯灣、西接紅海和東非的商路要隘，又有一眼水源豐富的滲滲泉和古老的聖殿克爾白天房，所以自古以來就以聖地和商業樞紐聞名於世。彩色瓷磚上的麥加城，城市的中央矗立著一個方形的克爾白聖寺。

西元 5 世紀末，麥加成了古萊什人的領地，從此由游牧轉入定居。在部落內部，各氏族仍舊保留游牧民族各自的長老會議和崇拜的聖石、偶像，並把這些聖石、偶像供奉在共同的聖寺 —— 克爾白，克爾白漸漸地便成了各部落統一的象徵。

西元 570 年，穆罕默德在麥加誕生。40 歲時，他著手創立並傳播伊斯蘭教。622 年穆罕默德率眾遷居麥地那，並在那裡向本教徒宣布，今後所有的穆斯林禮拜方向一律朝向麥加 —— 天房克爾白所在地。630 年，穆聖率兵攻克麥加，將天房中原有的 360 尊偶像全部清除，把天房克爾白改作聖寺，麥加也因此成為全穆斯林的聖城。從此，全世界穆斯林都朝向麥加做禮拜；遍布世界的清真寺中都設有朝向麥加的壁龕；更有甚者，所有穆斯林出門時，都隨身攜帶一個專指向麥加的磁針。

13 世紀，麥加曾先後被埃及人、土耳其人占領。至 1926 年歸屬納季德國王伊本·沙烏地，1932 年沙烏地王國建立後，成為該國宗教首都，並由穆聖的後裔管理。隨著石油經濟的迅速

發展，麥加聖地不僅保留了某些穆聖時代的舊城，也建起了高樓林立的現代化新城，呈現出一片欣欣向榮、繁華興旺的景象。

漫步在聖城麥加，這裡的一草一木都是那麼聖潔。在聖城麥加每一個宗教聖蹟的背後，都與許多動人的宗教故事和傳說相關聯。

在麥加城郊，有一個著名的山洞 —— 希拉山洞。相傳先知穆罕默德就是在這裡潛修冥想，並獲得「啟示」。希拉洞也名揚天下，成為許多朝聖者的必去之地。

在山巒環抱的塞拉特山的谷底 —— 麥加城的中心，坐落著世界伊斯蘭教第一大聖寺，即麥加大清真寺。著名的克爾白天房就座落在這裡。克爾白天房周圍劃為禁地，非穆斯林不準進入，禁地內禁止狩獵、殺生、鬥毆和一切邪惡異端活動，因此又稱「禁寺」。在穆罕默德傳教時期，這裡只是一塊東西寬、南北窄的露天禮拜場，從第二任哈里發歐瑪爾開始，就開始對這裡進行了改建和擴建。此後，歷代統治者都在這裡大興土木，使其規模不斷擴大。

西元 897 年和 918 年，阿拔斯帝國第十六任哈里發穆阿台迪德（892 ～ 902 年在位）和第十八任哈里發穆格台迪德（908 ～ 932 年在位）相繼擴建聖寺，使之達到 29,127 平方公尺。此後鄂圖曼的蘇丹蘇萊曼一世（1299 ～ 1326 年在位）對聖寺進行了徹

底翻修，並聘請土耳其著名設計大師錫南精心設計，著名畫家阿卜杜拉‧魯圖菲精雕細刻，使之成為建築精品。1821 年，埃及總督穆罕默德‧阿里又對禁寺大部分建築進行整修，添置了端莊華麗的大理石柱，使之更加氣勢軒昂。

尤其是在沙烏地王國建立後，禁寺的面貌更是發生了鉅變。1958 年，國王阿卜杜拉‧阿齊茲下令對禁寺進行大規模擴建，保留了原有的克爾白天房、中心院落、環繞天房的道路、易卜拉欣立足處、滲滲泉、宣講台等各建築，建造了連線賽法和麥爾臥兩座名山間長達 405 公尺的大理石奔走長廊。長廊分上下兩層，上有六條架空走廊。擴建後，整個禁寺由 1,300 餘根大理石柱組成一個規模宏大、氣勢雄渾的建築整體，總面積達 18 萬平方公尺，可供 50 萬穆斯林同時做禮拜。

1988 年，法赫德國王下令，對禁寺再次進行擴建，至此全寺總面積達到 30 多萬平方公尺，另外又在禁寺二樓屋頂、禁寺周圍的廣場加鋪了大理石，可使 150 萬人同時禮拜，規模可見一斑。

全世界穆斯林終生神往的克爾白天房，就坐落在禁寺的正中央。據傳，這座立方體形的房屋，是人祖阿丹（亞當）依據真主住所原形而建。在此房毀於洪水後，先知易卜拉欣和他的兒子伊司瑪儀又重建了天房。時至今日人們還可以看到天房附近還有一處聖蹟 —— 易卜拉欣立足處。傳說先知易卜拉欣建造天

房時時常站在此石上，踏出了兩個巨大的腳印。而今，在這塊大石上修建了一個精緻的閣子，四周圍著方形的銅柵欄，接受來自世界各地穆斯林的瞻仰。

傳說中天使哲卜拉伊勒留下的一塊玄石，後來被人鑲嵌在克爾白天房高出地面 1.5 公尺的東南角牆上。630 年，穆聖帶領眾人來天房朝覲，遊轉了天房，並親吻了玄石。如今，這塊直徑 30 公分的聖石周圍已用銀邊包裹，被穆斯林視為「神聖之石」，巡禮天房和親吻天石也成為朝覲者必須履行的禮儀。

經過幾次重建，現在的天房南北長 12 公尺，東面寬 10.1 公尺，高 15 公尺。天房四角依所朝方向分別稱為伊拉克角、敘利亞角、葉門角、黑石角。天房內鋪著大理石地面，屋頂上掛著一盞盞金銀吊燈，牆壁四周懸掛著一幅用手工精心繡成的《古蘭經》經文和清真言的綠色圍幔。天房內東面的兩扇門由純金鑄成，耗金 286 公斤。門高 3.2 公尺，寬 2 公尺，距地面 2 公尺。門上還有 6.5 公尺長、3.5 公尺高的門幔，上面有金銀絲繡成的《古蘭經》經文。總體上來說，天房給予人一種金碧輝煌、莊嚴神聖的感覺。

整個天房從上到下被一塊黑色純絲幔罩所遮蓋，並用鋼環固定於底部。絲罩高 14 公尺，距上方三分之一處有一寬 90 公分的絲帶。絲幔和絲帶上繡著《古蘭經》經文、清真言、頌詞以及各種紋飾。絲帶上的文字是用三一體書寫繡成，端莊典雅，周圍用阿拉伯風格的裝飾花紋作點綴，工藝複雜，繡技高超。

繡文採用堆繡工藝，比絲罩高出約兩公分，文字表面用純金、銀絲覆蓋，顯得剛勁挺拔，雄渾有力，真可稱得上是一件難得一見的藝術珍品，在穆斯林心目中，它是再神聖不過的聖物。

天房絲罩、門幗全部採用進口高階絲綢，共用絲 450 公斤，金銀線 120 公斤。絲罩、門幗在每年舉行朝覲時就更換一次，這個傳統自伊斯蘭創教以來，1300 多年從未間斷。

天房每年要洗刷兩次，分別在伊曆 7 月和 12 月，為此要舉行隆重的儀式，洗刷天房的水會被精心收集起來，和洗刷工具一起分給貴賓們珍藏。因為，對於穆斯林來說，這些也都是聖潔的，難得一求。

禁寺內，距天房不遠處還標著滲滲泉的位置，新修的滲滲泉就在禁寺內滲滲泉標記下方的地下室裡。地下室呈扇面形，男右女左兩個入口，扇形軸心處是水泵房，可以為朝覲者們提供冷卻後的泉水。由於水量充足，教法權威們允許朝覲者用聖泉水沐浴。很多虔誠的穆斯林還把滲滲泉水帶回故鄉，與家人共享吉祥喜慶。

此外，距麥加東南 25 公里的阿拉法特山，據《古蘭經》記載是人類始祖阿丹（亞當）和哈娃（夏娃）重逢的地方。麥加以東 7 公里的米納城是朝覲者射石打鬼、宰牲獻祭、紀念易卜拉欣的地方。朝覲者就在這兩個地方完成他們朝覲的最後儀式。

先知之城 —— 麥地那

在沙烏地阿拉伯王國西部希賈茲地區賽拉特山下，有一片開闊的平地，這裡水源充足，土地肥沃，物產豐饒，人傑地靈。在茫茫沙漠中，實在是非常少見的「綠洲」。然而，在西元 622 年前，這裡還不過是一個綠洲小城 —— 葉斯里布，被沃野、草場，還有遍地果實纍纍的椰棗林。

西元 622 年，伊斯蘭教的創始人穆罕默德率領信徒來到這個默默無聞的小城，使這裡的面貌發生了前所未有的翻天覆地的變化。而這座小城也被重新命名為「麥地那·奈比」（意即「先知之城」，簡稱麥地那），開始了它新的歷史征程。

麥地那是穆罕默德的傳教中心，他一生中所經歷的許多重大事件、重要決策、重要戰事都發生在這裡。西元 632 年 6 月 8 日，穆罕默德在重病中與世長辭，他的陵寢被安置在先知寺中。因為與先知穆罕默德的關係密切，麥地那因而成為伊斯蘭教第二大聖地，成為全世界億萬穆斯林嚮往的地方，每年都有數以百萬計的穆斯林來到麥地那拜謁、瞻仰聖寺、聖陵。

在先知穆罕默德時代和四大哈里發時期，麥地那一直是伊斯蘭國家的首都。所以該城內外，存在許多伊斯蘭文化遺址、聖蹟，每處古蹟都與伊斯蘭的歷史息息相關。瞻仰這些聖蹟，就如同在讀一部可歌可泣的史詩。

　　庫巴寺是世界上第一座清真寺，位於麥地那西南郊庫巴村。當年穆罕默德在遷往麥地那的途中騎著白駝經過 450 公里的艱難跋涉，來到這塊水草肥美、風景秀麗的地方。看著眼前繁茂的椰棗林、開遍鮮花的草叢、長勢喜人的莊稼，穆罕默德頓時覺得心情舒暢，旅途中的疲勞也減輕了不少。大家就地休息了一會兒，穆罕默德建議在這裡建一座清真寺。於是，人們一起動手，用了四天時間，建起了這座有六個圓柱門廊的簡樸的廣場式清真寺。隨後，先知率領眾人在清真寺內虔誠地做了禮拜。由於這座清真寺是遷徙後穆聖所建的第一座清真寺，因而被全世界穆斯林視為伊斯蘭文化的發祥之地，當地歷代統治者也都對它進行了大規模修繕和擴建。特別是沙烏地立國後，沙烏地的締造者阿卜杜拉·阿齊茲下令對該寺進行了空前規模的擴建工程。今天的庫巴清真寺，融傳統伊斯蘭建築形式與現代建築風格於一體，華麗中帶有威嚴，典雅裡透著親切。全寺有 56 個穹頂，4 座高聳入雲的宣禮塔，大理石寺壁上刻著《古蘭經》全文。大寺占地 13.5 萬平方公尺，可以容數萬人同時禮拜。寺內的凹壁上鐫刻著《聖訓》中的語錄「誰若在此禮拜，其功有如副朝」。由遠望去，非常壯觀。

　　在距離庫巴古寺僅 500 公尺處，是另一座著名的清真寺 —— 主麻清真寺，傳說穆聖在一個星期五中午路過此處，剛好趕上做聚禮的時間，於是率眾進行了第一次「主麻」聚禮，所

以該寺享有「第一個主麻寺」的美譽。

在麥地那，最宏偉、最輝煌的建築應該是先知清真寺，它是伊斯蘭教第二大聖寺。伊斯蘭教的創始人穆罕默德就長眠於此，其地位僅次於克爾白天房所在地 —— 麥加禁寺。

據載，西元 622 年，穆聖親自買下地皮，修建了這座清真寺。據傳說，當時的清真寺只是一個十分簡陋的露天空曠的大院，長 52.5 公尺，寬 45 公尺，地面用石頭鋪砌，土坯牆一人多高，一側以椰棗樹幹為柱，上面用椰棗枝和泥土覆蓋，另一側敞露在外，無任何裝飾物。

這裡還是穆聖的住所，是他和信徒們一起進行禮拜的地方，也是他歸真以後的安息地。他的兩位弟子，後來成為穆斯林領袖的阿布‧巴克爾哈里發和歐瑪爾哈里發也埋葬於此。先知的愛女法蒂瑪去世後，其陵墓也被遷回在聖陵的旁邊。

西元 8 世紀，伍麥葉王朝哈里發對聖寺進行翻建，此後該寺幾經火災，又幾度重建。到鄂圖曼時期，這裡已被建為雄偉輝煌、富麗堂皇的大寺，總面積達一萬多平方公尺，五座尖塔，其中兩座高達 70 公尺，地基就有 17 公尺深。沙烏地阿拉伯建國後，幾任國王都非常樂衷於對先知寺進行擴建的事業，20 世紀 80 年代，法赫德國王又對它進行了更大規模的擴建，使其面積增加到 9 萬多平方公尺，如加上地下室和平台的面積，

達 16 萬平方公尺，可容納 25.5 萬人同時禮拜。現在的聖寺有 10 個宣禮塔，新塔高達 90 公尺。放眼望去，尖塔林立，巍峨壯觀，成為鑲嵌在麥地那中央的一顆璀璨的明珠。

走進寺內，四壁的裝飾、殿頂的水晶燈飾更加金碧輝煌、光彩奪目，令人肅然起敬。聖寺的東北角是先知穆罕默德的靈寢，其北為阿布‧巴克爾和歐瑪爾以及聖女法蒂瑪之墓，他們生前追隨穆聖，去世後仍葬在穆聖的周圍。現在，聖寺和聖陵已連成一個整體，瞻仰聖陵，憑弔先知，已成為朝覲禮儀的又一部分。人們在這裡虔心禮拜、祈禱，緬懷他們心目中先知的豐功偉業。

在聖寺的西南部有一座古樸的清真寺 —— 加馬馬清真寺。傳說，先知曾在此舉行過第一次會禮，晚年經常率眾在此舉行會禮。自此，這裡也成為許多穆斯林憑弔先知的重要場所。

伍侯德山也是麥地那的著名古蹟，它位於城市的北部。625 年，穆聖曾率軍隊與三百餘人組成的麥加軍隊展開激戰並取得了勝利。穆聖對伍侯德山充滿深情，他說：「伍侯德山是一座它愛我們、我們也愛它的山。」從此它變成了穆斯林的「吉祥山」。1960 年，沙烏地政府在此創辦了著名的麥地那伊斯蘭大學。

在麥地那市內，還有一座著名的清真寺 —— 法塔赫清真寺。它最初是為了紀念 627 年先知穆罕默德率領穆斯林取得的「壕溝戰役」大捷而建的。經過重建，法塔赫清真寺保留了小巧

玲瓏、形態獨異的原始風貌，成為珍貴的久負盛名的伊斯蘭古蹟。對穆斯林來說，拜謁法塔赫寺同樣具有特殊意義。

在麥地那西北部一座叫瓦伯拉的小山上，還有一座清真寺聞名遐邇，它就是「雙向清真寺」，它是世界上唯一有兩個凹壁的清真寺。內設獨特的兩個指示朝拜方向的凹壁，一個指向麥加，另一個指向耶路撒冷。622 年，穆聖從麥加遷到麥地那後，就著手修建了這座清真寺。當時穆斯林朝向耶路撒冷禮拜，後來穆聖在這裡向眾教徒宣布，將禮拜朝向改向麥加克爾白天房，於是此寺就變成了雙向清真寺。在以後的日子裡，歷代統治者也對其進行了大小規模的修繕。

隨著沙烏地王國的建立，石油財富的廣泛開採和應用，沙烏地經濟飛速發展，迎來了這個古老民族的黃金時代，聖城麥地那的面貌也發生了日新月異的變化。如今的古城麥地那，中心是雄偉輝煌的先知聖寺，周圍是高樓林立、造型美觀的城市、社群，使這個城市古典與現代相得益彰，渾然天成。

劃時代的經典 ——《古蘭經》

「阿拉至大」是伊斯蘭教的最高文化價值觀，而《古蘭經》是整個穆斯林生活環繞轉動的樞軸。《古蘭經》是伊斯蘭教的經典和最根本的立法依據，也是穆斯林世界觀、人生觀的基礎和一

切言行的準則,至今全世界穆斯林仍以它為指導宗教生活及社會道德的準則。它對伊斯蘭教的傳播、發展和穆斯林的宗教生活起著決定作用。《古蘭經》是伊斯蘭教的聖典它的本義是「誦讀」、「朗讀」、「講道」,是先知穆罕默德在 610 年至 632 年的傳教過程中,根據臨時發生的事件和社會需要,陸續接受的啟示,穆斯林把《古蘭經》看成是真主的語言和真主透過天使加百列口授給穆罕默德的啟示。

《古蘭經》的形成是歷史的必然,也與伊斯蘭教的發展密切相關。先知穆罕默德本人不會寫字,他每奉到啟示,總會立刻口授給面前的聖門弟子,不會寫字的就銘記在心,會寫字的就將其記錄在石板、骨片、獸皮或棕櫚葉上,眾弟子以學習《古蘭經》為最重要功課,有些人甚至能夠背誦全部《古蘭經》。先知在世時,《古蘭經》並未成冊。先知去世後,由於部落發生暴亂,有好幾位能背誦《古蘭經》經文的人在戰場陣亡。歐瑪爾意識到情況的嚴重性,向當時任哈里發的阿布·巴克爾提出整理《古蘭經》的建議,曾任先知文書的宰德·伊本·薩比特接受了收集、編整和重抄經文的任務,阿布·巴克爾聘請武百耶、阿里、鄂圖曼協助宰德完成《古蘭經》的整理。他們以背記的數據和記錄的數據互相校對,整理成書,交由阿布·巴克爾保管。但因沒有統一的標點符號,又發生了讀法的不同和解釋的不一致的難題。為了使出現的問題得到及時解決和不至於使分歧擴

大，第三任哈里發鄂圖曼命令宰德在麥加古萊什人的幫助下，以古萊什方言為準《古蘭經》第 1 頁到第 2 頁統一定稿，抄寫 7 部《古蘭經》，分存麥地那、麥加、巴林、葉門、庫法、巴斯拉和大馬士革，其他抄本一概焚毀。這種抄本被稱為「鄂圖曼定本」，是後來通行全世界的《古蘭經》的唯一定本，得到全世界穆斯林的普遍承認。這是鄂圖曼對伊斯蘭教做出的最大貢獻。《古蘭經》經文的統一工作是在穆罕默德逝世後的第 19 年完成的。到西元 10 世紀，又經 7 位伊斯蘭學者的共同努力，給每個字母都標明瞭讀音符號，最後確定了正式的經文讀法。

《古蘭經》共分為 30 卷，共計 114 章，6,236 節。其中，在麥加期間的啟示為 84 章，遷移到麥地那後的啟示為 29 章。而共計 7 節的第 107 章，前 3 節是麥加的，後 4 節是麥地那的。各章的次序不是按頒降時間的先後和內容的情況定的，而是依據篇幅的長短，大體以遞減的原則編排的，將比較長的放在前面，比較短的放在後面。

《古蘭經》的內容包羅永珍，十分豐富，其主要內容包括：伊斯蘭教的基本信仰和基本功課，其中特別強調阿拉獨一、順從、忍耐、行善、施捨和宿命；為阿拉伯半島社會制定的政治理念和倫理規範；為政教合一的穆斯林公社確定的宗教、政治、經濟、社會、軍事和法律制度；與多神教徒和猶太教徒進行論辯的記述；為宣傳伊斯蘭教而引述的一些古代先知的故事傳說

等。不難發現，《古蘭經》的內容，有不少地方與猶太教和基督教的經典相接近，甚至相同。但《古蘭經》比起其他宗教經典，世俗性強，神祕性少，而且它的語言生動，詞彙豐富，文學色彩濃郁。

《古蘭經》有時被稱作「克塔布」，意思是「書」。它的確是一部書，是最早的一部阿拉伯文書，因為在它之前，阿拉伯人尚沒有書。有了它，阿拉伯語才成為一種有力量的語言，它是阿拉伯語的典範，是一切阿拉伯文書籍中被人們讀得最多最廣泛的。它既是穆斯林們每日5次禮拜必讀的書，也是一部教科書，還是最早的最規範的阿拉伯語讀本。它使阿拉伯民族的語言達成統一，它使阿拉伯文字成為大眾化的文字。同時，《古蘭經》在阿拉伯文學史上，也有極更要的地位，對《古蘭經》的研究還產生了語法學和修辭學。

隨著伊斯蘭教的發展，穆斯林遍布世界各地，所以，《古蘭經》也在後來被先後翻譯成包括漢語在內的40多種語言。但是，世界上除土耳其語正式譯本外，沒有其他外國語的審定本，而且至今全世界穆斯林在做禮拜時必須誦讀阿拉伯語的《古蘭經》，不得用翻譯語言。因為在穆斯林看來，阿拉伯語的《古蘭經》在表現手法上已達到了空前絕後的地步，它的莊嚴性，它的偉大氣勢和它那動聽的韻腳、節奏和修辭，是任何語言的翻譯本都無法比擬。

穆斯林的行為準則 ──《聖訓》

隨著阿拉伯帝國的形成和阿拉伯社會的發展,《古蘭經》已越來越不能滿足社會各階層及統治階級的需要。於是,《聖訓》就孕育而生了。《聖訓》是有關先知穆罕默德言行的記錄,文辭簡練,含義深刻,在伊斯蘭教中的地位僅次於《古蘭經》,是《古蘭經》的必要的補充,被眾穆斯林立為教法和道德規範的主要依據。

《聖訓》的內容十分豐富,有的具體闡明《古蘭經》中的部分原則,有的對《古蘭經》中沒有明文規定的事作出解釋和決定。它有闡明、確定和分析《古蘭經》中意義籠統的或泛指的經文的作用。《聖訓》的阿拉伯語音譯為「哈底斯」,意思是「傳說」、」傳聞」、「言論」、「故事」。廣義的《聖訓》還包括對先知穆罕默德的弟子和再傳弟子言行的傳述。

穆罕默德逝世後,穆斯林在遇到問題時,除了在《古蘭經》中尋求答案外,就是從先知在世時的言論和行為中尋找效法的榜樣。但在伊斯蘭教歷的第一個世紀裡,先知的言行只是在他的弟子中口耳相傳,並未收整合冊,以至於伍麥葉王朝內亂時期有人出於宗教偏見或政治目的偽造《聖訓》抬高自己。針對這種情況,從 8 世紀後半期開始,開始有人從事收集、整理和考訂聖訓的工作,產生了以探究穆罕默德言行的傳述世系以判斷

其傳述內容真偽的學科 —— 聖訓學。到了第三個世紀即西元 9 世紀,《聖訓》的收編工作已告結束。被收集的每章完整的《聖訓》都包括兩個部分,即傳述的線索和本文。被聖訓學家們編輯成冊的標準文字共有六部,被列為經典性文獻,稱作六大《聖訓》。

最有名的是《布哈里聖訓實錄》和《穆斯林聖訓實錄》,被人們合稱為「兩真本」。前部《聖訓》作者是最受崇敬的聖訓學家穆罕默德・伊本・伊斯梅爾・布哈里(810 ～ 870 年),中亞布哈拉人,童年去麥加朝覲,四處遊歷,蒐集聖訓,據說他曾到波斯、伊拉克、敘利亞、希賈茲和埃及等地,花費 16 年的時間辛勤地進行學習、研究和校訂,從蒐集到的 60 萬條有關先知穆罕默德的傳述中,把被認為確實可靠的 7,397 條挑選出來,按禮拜、朝覲、聖戰等題目,分門別類編輯成書。《布哈里聖訓實錄》在穆斯林心目中的地位僅次於《古蘭經》,已獲得了半神聖的性質,具有權威性,對穆斯林影響最大。布哈里本人也深受穆斯林們的敬仰,至今還經常有人到撒馬兒罕去憑弔他的墓地。

僅次於《布哈里聖訓實錄》的是伊朗內沙布林人穆斯林・伊本・哈加吉(817 ～ 875 年)所編的《穆斯林聖訓實錄》,它在篇幅和內容上,與《布哈里聖訓實錄》大致相同,但所引證的傳述線索不盡相同。

除「兩真本」外,另外四部分別為阿布・達伍德(817 ～ 888

年）、阿布・爾撒・穆罕默德・提爾米基（824 ～ 892 年）、拉赫曼・奈薩義（836 ～ 915 年）和阿布・達伍德的弟子伊本・馬哲（824 ～ 886 年）所編，被稱為「四本遜奈」。

此外，什葉派在伊斯蘭教歷 4、5 世紀按照自己的觀點也進行了聖訓的編纂工作。他們懷疑遜尼派以傳述線索和以教團為權威中心的觀念，不承認上述六大《聖訓》，提出了自己的聖訓傳述體系，僅收集阿里家族所傳。該派的第一部聖訓集是庫里尼所編的《宗教學大全》，即《卡非》經。

聖訓為研究早期阿拉伯文明提供了寶貴的第一手數據，憑藉對聖訓的研究和傳述，各類學術文化在阿拉伯帝國發展起來，大大推進了阿拉伯文明的程式。同時，聖訓也是許多宗教儀式和各種法律條例的依據來源。

伊斯蘭教的五大信仰與五功

▶ 五大信仰

伊斯蘭教的基本信仰，其主要內容可以從《古蘭經》的兩節經文中展現出來。如前文中說：「你們把自己的臉轉向東方和西方，都不是正義。正義是信真主，信末日，信天神，信天經，信先知，並將所愛的財產施濟親戚、孤兒、貧民、旅客、乞丐

和贖取奴隸,並謹守拜功,完納天課,履行約言,忍受窮困、患難和戰爭。這等人,確是忠貞的;這等人,確是敬畏的。」後文又說:「通道的人們啊!你們當確信真主和使者,以及他們所降示給使者的經典,和他以前所降示的經典,誰不信真主、天神、經典、使者、末日,誰確已深入迷誤了。」所以,每個虔誠的穆斯林都必須恪守五大信仰,並透過五項功課來實踐,否則就是偽信者,被稱為「穆納菲格」。

阿拉伯語中,「信仰」音譯為「伊瑪尼」,包括內悟、表白和善行三要素。它展現在精神生活、物質生活和倫理道德等各個方面。

信真主。「真主」的阿拉伯語音譯為「阿拉」,信仰真主是伊斯蘭教的基礎,是對穆斯林的基本要求,伊斯蘭教信仰的核心就是信仰真主是創造宇宙萬物的唯一主宰。「他是真主,是獨一的主;真主是萬物所仰賴的;他沒有生產,也沒有被生產;沒有任何物可以做他的匹敵」,「一切讚頌,只歸真主 —— 諸天的主,大地的主,全世界的主!」在伊斯蘭教裡,真主是完美無缺的,他有 99 個美名和 99 種德性。在阿拉伯國家,你可以看到,除蘇菲派外,其他派別的穆斯林,也有不少人手握念珠,一靜下來就不停地撥動,以念記主名,念珠為 99 顆珠子,代表真主的 99 個美名。真主是「全能的」、「特慈的」、「至潔的」、「自在的」、「永恆的」。他無所不在,無所不知,「無色相可觀,無聲

臭可知，無方所可指」。伊斯蘭教認為，世界上的一切，天地、光明、黑暗、人類，都是真主創造的，人類賴以生存的一切也是真主賜予的，信仰真主的人將在末日審判來臨之時進天堂，不信真主的人將入火獄。

信使者。就是信仰穆罕默德是真主派遣的使者，是伊斯蘭教的先知，是真主為開導世人、恩典世人、拯救世人而派出的「警告者」，他有創造奇蹟的才能，真主向他啟示了《古蘭經》，「如果人類和精靈聯合起來創造一部像這樣的《古蘭經》，那麼，他們即使互相幫助，也必不能創造像這樣的妙文」。依據《古蘭經》所說，伊斯蘭教所信仰的使者和先知不只一個，還有亞當、努哈、易卜拉欣、穆薩、爾薩等等。但穆罕默德是眾使者中的最後一個，是封印的先知，最偉大的先知，他的使命是傳授真主的經典，向世人闡明正道。

信天神。天神，又稱「天仙」或「大使」。伊斯蘭教認為，天仙是真主用光創造出來的精靈，聖潔無邪，無性別，無形體，無生死，不吃喝，數目繁多，布滿人間，變化莫測，受真主管轄，聽候真主差遣，替真主管理天國和火獄，觀察並記錄人們的言行作為末日審判的依據。究竟有多少天仙，沒有一個確切的數目。為一般穆斯林所熟悉的是四大天仙，即：為真主向穆罕默德傳達啟示的加百列，負責觀察宇宙萬物的米卡伊萊，專司人的生死事宜的阿茲拉伊萊，宣告世界末日來臨的伊斯拉非

來。每個人的左右還有兩位天仙，右邊的記錄善行，左邊的記錄惡跡。伊斯蘭教要求穆斯林信天仙，可是反對和禁止他們崇拜天仙，絕對不能破壞「萬物非主，唯有真主」的信條。

信經典。作為一個虔誠的穆斯林，要信仰真主降示的經典。據傳，真主的啟示被記載在 104 部書裡，儲存下來的有 4 部。它們是透過摩西、大衛、耶穌和穆罕默德所分別頒降的《五經》、《詩篇》、《福音書》和《古蘭經》。其中，《古蘭經》是伊斯蘭教的經典，是唯一用阿拉伯語啟示的經典，也是最後的一部經典，它所包含的真理足以證明以前的所有經典。

信末日。在《古蘭經》裡，有大量關於世界末日和末日來臨前的預兆的描述。伊斯蘭教認為，世界上的一切都是真主創造的，到了世界的末日，真主必將其毀滅，然後用更好的來代替，所以，信末日是穆斯林必備的條件之一。在末日到來時，每個人都將被帶到真主的面前接受審判。真主按照每個人的功過，使做了善行的虔敬的穆斯林進入樂園，把所有的異教徒和偽信的穆斯林投入火獄。

▶五項功課

五項功課是信仰伊斯蘭教的阿拉伯人、也是全世界穆斯林必不可少的生活內容。伊斯蘭教徒的宗教功課，除在《古蘭經》中有概括的指示外，並沒有其他明文規定。具體規定是後來根

據先知的言行和客觀情況的發展變化作出來的。這五項功課，就是信仰的表白、禮拜、齋戒、完納天課和朝覲。

信仰的表白。也叫唸作證詞或「念清真言」，俗稱念功，即用阿拉伯語誦讀「我作證：除真主外別無神靈；我作證：穆罕默德是真主的使者」，並要做到口中誦讀，心中誠信。一個人只要當眾唸作證詞，進行公開的表白，他就被認為接受了伊斯蘭教的基本信條，就成了一名穆斯林。作為一個穆斯林，出生時聽到的是這兩句話，臨終前可親自念，也可由他人代念這兩句話。喚禮是穆斯林重要的「五功」之一召喚眾穆斯林禮拜的宣禮員每日五次登臨宣禮塔也要高聲朗讀這兩句話。穆斯林在一切重大場合都要唸誦這兩句話。

禮拜。一個虔誠的穆斯林，每天要面朝麥加的克爾白作五次禮拜，即黎明的晨禮、正午的晌禮、午後的晡禮、傍晚的昏禮和夜間的宵禮。每次禮拜前要作小淨，都要用同樣的立正、鞠躬和跪拜來履行。不管哪個民族的穆斯林，在禮拜時都要用阿拉伯語讚頌「真主至大」，並誦讀阿拉伯語《古蘭經》首章「法諦海」。禮拜的地點沒有太大的限定，可以到清真寺，也可以在各自的家裡或工作場所。每逢星期五是眾穆斯林的聚禮日（主麻日），大家到清真寺舉行集體禮拜。聚禮前必須做大淨（洗身）。聚禮的內容包括禮拜、誦讀《古蘭經》和伊瑪目作演講。此外，還有開齋節、宰牲節等重大節日的會禮。

齋戒。齋戒就是封齋的穆斯林在天亮後到日落前這段時間裡，不吃不喝，不行房事，清心淨欲，修身養性，透過飢餓乾渴磨練意志。《古蘭經》說：「通道的人們啊！齋戒已成為你們的定製。」這說明它是被確定的伊斯蘭教的重要功課。伊斯蘭教規定，凡成年的男女穆斯林，除年老體弱者、病人、長途旅行者、孕婦或哺乳嬰兒的母親以及有其他特殊情況者外，都要在齋月，即賴買丹月（伊斯蘭教歷的九月）進行齋戒。不穆斯林的集體禮拜封齋者也不得當眾吃東西，因為「賴買丹月中，開始降示《古蘭經》，指導世人，昭示明證，以便遵循正道，分別真偽，故在此月中，你們應當齋戒」。另外，據說著名的白德爾戰役也是在這個月裡獲勝的。賴買丹月的齋戒被稱為必須的齋戒，也叫「天命齋」，凡因情況特殊，不能封天命齋者，按規定要補齋，或以施捨的辦法替代。凡出於虔誠、許願、還補等各種原因自願實行的齋戒叫做自願齋。

天課。在《古蘭經》裡，多次出現有「謹守拜功，完納天課」的語句。可見，天課也是伊斯蘭教的重要功課之一。「天課」一詞的阿拉伯語音譯為「扎卡特」，原是穆斯林自願的慈善行為，後發展成為一種強制性的慈善捐贈，被稱為「施捨稅」，又叫「濟貧稅」，進而又發展成一種財產稅，成了國家固定的稅賦，不過是以宗教的形式向穆斯林徵收罷了。每個穆斯林，只要他在財產上達到一定數量，就必須每年依法完納天課。所收天課交國庫管

理，用以維持貧民的生活、修建清真寺和政府財政開支。

朝覲。依據《古蘭經》中「凡能旅行到天房的，人人都有為真主而朝覲天房的義務」這節經文，伊斯蘭教把朝覲定為穆斯林的一項基本義務。凡身體健康又有經濟能力的成年男女穆斯林，一生應去麥加朝覲一次。朝覲的時間是伊斯蘭教歷每年舊月的8、9、10三天。主要儀式有受戒、環繞天房行走7周、在色法和麥爾瓦兩山之間奔走7次、進住米那山、站阿拉法特山、投石、宰牲等，這是要在規定的時間內完成全部朝覲儀式的大朝覲。此外，穆斯林還可以在其他任何時間單獨去麥加朝覲，只完成部分朝覲儀式，這叫做小朝覲，又稱「副朝」或「巡禮」。

伊斯蘭教五大派別

宗教派別的產生主要是由於政治勢力的較量和爭奪權力的鬥爭。伊斯蘭教雖然有統一的經典和共同的信仰，但是由於創始人穆罕默德在去世時沒有明確繼承人，也沒有給信徒們留下指明推選接班人方法的遺囑。因此，圍繞誰是正宗嫡傳這個問題，眾穆斯林意見不一，發生了爭奪權力的激烈鬥爭，導致各種派別的出現。爾後，隨著社會的發展，宗教思想、儀式、法律、習俗的變化，使伊斯蘭教的各個派別最終形成。各派之間的分歧和鬥爭，構成伊斯蘭教歷史的重要特徵之一。

▶遜尼派

遜尼派是伊斯蘭教各教派中最大的一個，其信徒約占全世界穆斯林總數的 80%。遜尼派的全稱為「遜尼和大眾派」，其阿拉伯語原意是「遵守遜奈者」，自 9 世紀開始該派被稱為遜尼派。因為該派把穆罕默德及其聖門弟子的言行編纂成為「遜奈」——「聖訓」，並尊為僅次於《古蘭經》的立法基礎。

遜尼派在對待誰是穆罕默德真正的繼承人這個問題上，顯得比較「寬容」，他們承認阿布・巴克爾、歐瑪爾、鄂圖曼和阿里都是穆罕默德的合法繼承者，是四大正統哈里發，同時也承認伍麥葉王朝和阿拔斯帝國的哈里發，把歷任哈里發當作他們宗教首領和領導人，從某種程度上講是最大限度地迎合了當時的統治階級，所以始終得到統治者的承認和支持。

遜尼派穆斯林在信仰、宗教功課、教律等方面，較全面地展現了伊斯蘭教的要求，把麥加、麥地那和耶路撒冷奉為聖地，把克爾白作為朝拜中心。他們自稱是伊斯蘭教的正統派，是信徒最多、分布最廣的一個伊斯蘭教派別。他們中也有少數人皈依蘇菲派，以蘇菲主義為信仰。

遜尼派在發展的過程中，又出現了著名的教律學派。教律學又叫教法學或者法理學，它所研究的是有關於伊斯蘭教教法知識，阿拉伯語音譯為「費格海」。該學派屬於穆斯林神學的一

個分支，它涉及的內容非常廣泛，包括伊斯蘭教認為應以法律條文規定的有關宗教和社會生活的所有領域。與之相近的另一分支為教法根源學「五蘇勒」，是有關伊斯蘭教宗教基礎和解釋《古蘭經》、「聖訓」、公議和類比等四項原則的學科。由於對這四項原則的運用看法不同，從伍麥葉王朝末期到阿拔斯帝國，伊斯蘭教法學家形成了各式各樣的學派，其中最有影響力的是正統派的四大學派。

▶哈乃斐學派

哈乃斐學派是伊斯蘭世界最具寬容色彩的法律學派，其創始人和領袖阿布·哈尼法（699～767年），本名努爾曼·伊本·薩比特，是阿拉伯人征服略布林之役中俘虜的一個波斯奴隸的孫子，居住在庫法，以經商為業。阿布·哈尼法從小就養成了刻苦好學、勤於鑽研的習慣，使他成為頗具影響的第一位伊斯蘭教律學家和伊斯蘭教律學的奠基者，人們尊稱他為「大伊瑪目」。因其大部分時間活躍於伊拉克的庫法和巴格達，所以他所建立的學派又被稱為伊拉克學派。該派在制定教法時，主張以《古蘭經》為依據，對「聖訓」的引用特別審慎，比較重視運用類比的方法，尤其強調尊重執法者的個人意見和判斷，所以又被稱為「意見派」。

阿布·哈尼法的法學主張，深受廣大穆斯林的支持擁護，

被認為是僅次於《古蘭經》和「聖訓」的不可觸犯的律例。美國著名東方學家希提認為，他是「伊斯蘭教最早的、最大的而且最寬容的一個學派的奠基者。全世界遜尼派的穆斯林，幾乎有一半是遵守他的教派的」。

阿布·哈尼法主要是以口頭講解的方式向弟子們傳授學問，沒有著述傳世。但是，在他的弟子中，著作家卻不乏其人，據說其中比較有名的就有 40 位之多。最著名的弟子有阿布·尤素福和穆罕默德·伊本·哈桑等。阿布·尤素福曾在阿拔斯帝國的哈里發麥海迪和哈迪時期任法官，在哈倫·賴世德時期任總法官，為促進哈乃斐派的迅速發展和廣為流傳做出了很大的貢獻。他的著作《賦稅論》儲存了阿布·哈尼法的主要觀點。

哈乃斐學派在所有伊斯蘭教法學派中是傳播最廣泛的一派，它所影響的範圍不僅在阿拉伯，而且還流傳到了世界別的地方，遍及伊拉克、敘利亞、土耳其、巴爾幹半島諸國，以及巴基斯坦、阿富汗、印度和中國。

▶馬立克學派

創始人馬立克·伊本·艾奈斯（715～795 年），生於麥地那，並在麥地那求學和從事教學活動，是麥地那的伊瑪目和聖訓學的權威。他領導的學派特別重視「聖訓」並建立了直接依據

聖訓的體系，故有「聖訓派」之稱，也有人稱它為「麥地那保守學派」。

馬立克長期在伊斯蘭教聖城麥地那一帶活動，精通《古蘭經》和「聖訓」，被人們認為是對穆罕默德的生活和思想認識得比較清楚的學者之一，他曾任伊斯蘭教教法說明官「穆夫提」，用 40 年編著了《穆宛塔聖訓集》。該書雖然充滿「聖訓」，但實際上卻是一部法學著作，因為作者的目的不在於蒐集聖訓，而在於引證聖訓作為立法的依據，在書中展現了馬立克對許多問題獨到的意見和解釋。該書把聖訓和法學融為一體，從而成為馬立克學派的教律，是從正統派的立場出發編纂法典的最早嘗試，是儲存至今的最早的伊斯蘭教法典。

《古蘭經》、「聖訓」和麥地那的習慣法三者共同構成了馬立克學派的立法主要淵源，書中還收編了 1,700 個麥地那地方的審判案例。該派認為，當「聖訓」與社會利益發生矛盾時，可以修改「聖訓」，叫做「伊斯提斯拉赫」原則。此外，該派有時也採納「一致意見」，但僅局限於麥地那學者的一致意見，帶有狹隘的地方性。

馬立克學派主要流行於游牧民成分居多的文化不發達的地區，如當時的西班牙，以及北非和阿拉伯半島東部一帶。

▶沙斐儀學派

　　該派汲取麥地那學派和庫法學派的思想精華，兼重「聖訓」條文和公議原則，是頗具中庸色彩的法律學派。該學派的領袖是穆罕默德‧伊德里斯‧沙斐儀（767 ～ 820 年），出生於巴勒斯坦的加沙，屬麥加古萊什部落哈希姆家族。他自幼聰敏好學，曾師從贊齊等人學習「聖訓」和教法。在麥地那，就學於聖訓派領袖馬立克和希賈茲的其他學者的門下，能背誦馬立克的《穆宛塔聖訓集》。接著，又去伊拉克，受業於意見派的教法學家。在博採眾長之後，沙斐儀建立了自己的學派，稱為「沙斐儀學派」，因其自認為他的學派取兩派之長，並自稱找到了中庸之道，所以，沙斐儀學派有「中間派」、「折中派」之稱。沙斐儀派的法學基礎，依次為《古蘭經》、「聖訓」、一致意見和類比判斷。在沙斐儀派中，法學家的個人意見，則不作為可靠的基礎。

　　沙斐儀主要在伊拉克的巴格達和埃及的弗斯塔特（今開羅）從事教學和法律學的研究活動。著有《唉嗬目》和《法學原理》等書。晚年定居埃及，住在阿慕爾清真大寺，死後葬於穆蓋塔木山。沙斐儀可以說是桃李滿天下，其中比較著名的弟子有易卜拉欣、布維脫等人。該派學說盛行於下埃及、東非、巴勒斯坦、敘利亞、伊拉克、阿拉伯半島西南部、東南亞和中國新疆。

▶罕百里學派

創始人艾哈默德・伊本・罕百里（780～855 年），生於伊拉克的巴格達城，曾師從於沙斐儀。在沙斐儀去埃及後，由他代課，講解自己的法學見解，獨創一派。該派具有傳統主義和保守主義的特色，主張在制定立法時，嚴守《古蘭經》和「聖訓」，很少使用類比，對使用公議持蔑視態度，堅決反對個人意見和穆爾太齊賴派的「意志自由」說。由於罕百里學派的主張與穆爾太齊賴派的面對交鋒，引發了衝突，而罕百里學派也因此成為正統派用以反對穆爾太齊賴派的主要思想武器。當哈里發麥蒙將穆爾太齊賴派奉為國教時，罕百里受到迫害，被扣上鎖鏈打入牢房，但他始終未改變觀點，從而贏得正統派的普遍敬仰。據說在罕百里去世時，參加葬禮的人達 80 萬之多。罕百里著有《聖訓集》和《服從使者》等書。他的學生艾斯拉姆、伊斯哈格等都成了小有成就的法學家。罕百里學派是伊斯蘭教法學派中保守主義的主要代表，具有明顯的復古傾向。罕百里本人曾以其淵博的學識和虔誠的信仰得到穆斯林的廣泛崇敬，但其創立的學派卻由於守舊和死板而在伊斯蘭世界影響甚微，追隨者寥寥無幾。

對於上述四大教律學派，作為遜尼派的穆斯林並不受到牽制，可以自由地尊奉任何一個。

除教法學家之外，正統派伊斯蘭教還湧現出了不少具有較大影響力的教義學家，如艾什爾里和加札利等人。

艾什爾里（874～935年）被稱為重建正統派教義的人和伊斯蘭教教義學的奠基人。他是伊拉克巴斯拉人，曾在巴格達就學於穆爾太齊賴派的教義學家祝巴儀（850～915年），後因與其師意見相左，於是宣稱「自悔前非」，脫離穆爾太齊賴派，另立門戶，是為艾什爾里派這個學派既反對穆爾太齊賴派的唯理論傾向，也反對正統信仰的極端形式主義，力求在伊斯蘭教信條和希臘哲學思想這二者之間找到一條兼而有之的道路，帶有折中的性質。在主張真主前定人的行為的同時，又主張人類本身也有選擇行為的能力，因此認為每個人都要對自己的行為負責。該派主張真主是全能的，是萬物的創造者，且具有完全的永恆的德性。

艾什爾里創立的這個學派，其觀點與經典論述並不發生衝突，所以能被一般的信徒和思想家所接受。它吸取了希臘哲學的營養和穆爾太齊賴派的論證方法，既提高不正統派的應辯能力，又維護了正統派的統治地位，對鞏固哈里發的政權起著積極的作用，從而發展成為官方的經院哲學，奠定了伊斯蘭教的教義基礎。

使艾什爾里派最後定型的是加札利（1058～1111年），他生於呼羅珊突斯城，曾就學於內沙布林的朱威尼教長，後受聘到

巴格達的尼扎木大學從事教學和研究工作。他研究了各個哲學學派和教義學派，探討過伊斯蘭教各個派別的思想，並把傳統的、唯理論的、神祕主義的各種因素加以綜合，將神祕主義思想引入正統信仰，從而豐富了正統派的思想內容。他還運用希臘哲學中的辯證方法，建立了受正統派教義學家歡迎的實用的哲學體系。他的著作有《聖學復甦》、《哲學家的矛盾》等書，均享有很高的聲譽。他是伊斯蘭教最偉大的教義學家，使正統派的理論達到登峰造極，是古典伊斯蘭時期遜尼派思想體系的集大成者。他也是伊斯蘭教最有創見的思想家之一，被稱為「正統派終極的權威」，「他的著作和理論，對阿拉伯哲學界和伊斯蘭宗教界都產生過深遠的影響。他是伊斯蘭教義學家中把哲學、邏輯學與伊斯蘭教義理論結合在一起進行探討的第一人，對當時禁錮的穆斯林和阿拉伯思想界，是一個有力的推動」。加札利的學說豐富了艾仁爾裡派的教義學體系，奠定了伊斯蘭宗教哲學的基礎，因此他也被穆斯林譽為「伊斯蘭教的偉大復興者」，西方學者則稱其為「伊斯蘭世界的奧古斯丁」。

▶穆爾太齊賴派

穆爾太齊賴派是 8 世紀至 12 世紀時的一個伊斯蘭教派別，蓋德里葉派是它的先驅者，艾什耳爾派是它的結束者。該派以獨具己見和排除其他派別的學說而得名。其創始人是瓦綏勒‧

伊本‧阿塔和伊本‧俄拜德。二人曾是哈桑‧巴士裡的學生，因主張與老師不同而遭訓斥，於是另立一派。「穆爾太齊賴」一詞的原意就是「分離者」。

穆爾太齊賴派是最早研究希臘哲學的伊斯蘭教派別，受希臘哲學和科學的影響很深。穆爾太齊賴派主要利用邏輯學和辯證法作為認識問題的武器來闡明本派的學說，創立了自己的神學體系。

穆爾太齊賴派對宿命論中的前定論持否定態度，主張人類的意志是自由的，人是自身行為的創造者，應當對自己的行為負責，因為真主只創造了人行善作惡的能力，而沒有前定人的善惡行為。該派也反對正統派的「神人同形說」，反對把真主人格化。認為真主無影無形，不具有本體以外的任何屬性，真主本體就是「大知者」、「萬能者」。同時認為《古蘭經》是「被造之物」，是真主的創作之一，不是自古就有的，只有真主才是永恆的。

穆爾太齊賴派的主張，特別是「意志自由」說，為統治階級鎮壓人民起義提供了充分的理論根據。哈里發麥蒙首先看到該派教義對鞏固政權的積極作用，把它提升到國教的地位，勢力盛極一時。哈里發曾設立宗教裁判所，強制推行穆爾太齊賴派的主張，殘酷迫害異派，開了有組織撲滅異端的先例，其中第一個受害者就是前面曾提到的罕百里。麥蒙隨後的兩個繼任

者，繼續進行迫害活動，到他的第三個繼任者穆台瓦基勒執政時期，正統派才有了反攻的機會，恢復了古老信條，不僅將穆爾太齊賴派趕出政府機關，而且沒收和焚毀了他們的著作。從此，穆爾太齊賴派走向衰落。但該派的思辨教義思想卻流傳下來，尤其是它的理性標準被伊斯蘭所認可，為伊斯蘭思想在哲學思維的發展邁出了一大步。

▶什葉派

什葉派是伊斯蘭教內與遜尼派相對立的一大教派。它是在穆罕默德逝世之後，在爭奪繼承權的鬥爭中，由擁護阿里的集團逐漸發展演變而來的一個宗教派別，這就是什葉派。什葉派在阿里的兒子侯賽因殉難後發展為一個特殊的宗教派別和神學派別，到阿拔斯帝國最後定型。可以說，什葉派產生於麥地那，形成於伊拉克，壯大於伊朗，如今伊朗有 90% 以上的穆斯林屬於什葉派。

什葉派只承認阿里是穆罕默德唯一的繼承人，在此基礎上，它神化阿里及其後裔，認為哈里發的地位只能由阿里及其後代繼承才是合法有效的。什葉派的基本信條是伊瑪目及伊瑪目隱蔽說，十二伊瑪目派是什葉派的主體。以阿里為第一任伊瑪目，哈桑為第二任伊瑪目，侯賽因為第三任伊瑪目，以下的九任都是侯賽因的後代。第十二任伊瑪目穆罕默德·孟特宰

爾‧麥海迪於 878 年突然失蹤，被稱為「隱遁的伊瑪目」，是被期待的伊瑪目，他暗地裡領導著什葉派，將以救世主的身分出現，藉以恢復真正的伊斯蘭教。自 1502 年起，十二伊瑪目派被伊朗奉為國教，其中也包括伊拉克的什葉派信徒。

由於什葉派只承認阿里的地位，所以該派也只承認阿里家族所傳述的聖訓，從而形成了自己的聖訓集 —— 四聖書，叫做《阿赫巴爾》。另外，什葉派還崇拜聖徒和聖墓，定伊斯蘭教歷每年正月十日為哀悼日即「阿舒拉節」，用以悼念殉教的伊瑪目。在隆重的悼念儀式中，組織一批男童放聲誦唱哀詩悲歌，他們那銀鈴般清脆的聲音和如怨如泣的歌聲，引得眾人淚眼滂沱。伊拉克南部的納賈夫和卡爾巴拉、巴格達郊區的卡茲米亞等地，都是什葉派的聖地。

還值得一提的是，由於什葉派屬於受迫害的少數派的不利地位，所以在其教義中產生了一條用以對付敵人保護自己的重要原則 ——「塔基亞」原則，即為了自衛和掩護教友，在必要時，可以表面上否認自己的教籍，承認當時流行的教派。這一原則又叫「預防」原則，因其音譯為「塔基亞」，所以又稱「塔基亞」原則。

什葉派在其發展過程中，受到猶太教、基督教和祆教的影響，但作為獨立的宗教派別，它又細分出很多支派。

　　產生於 8 世紀中葉的伊司馬儀派是什葉派的一個重要支派，屬於什葉派內的激進勢力，其形成的原因是第六任伊瑪目哲耳法爾・薩迪格（約 700 ～ 765 年）剝奪長子伊司馬儀的繼承權，由此引起什葉派內部意見分歧，從而使伊司馬儀的擁護者們從主派別裡分離出來，形成一個新的支派。這一派不僅承認伊司馬儀為第七任伊瑪目，而且是最後一任伊瑪目，是隱遁的麥海迪（救世主），所以又叫七伊瑪目派。該派在新柏拉圖主義和佛教的影響下，建立了頗為複雜的宗教哲學體系，使數字「7」在教義中帶有神聖的性質。伊司馬儀派強調《古蘭經》的內涵和隱意，認為只有明意掩蓋下的隱意才是伊斯蘭教的真理，應該透過註釋和隱喻的方法去尋求內中的奧祕，且有宣教師遊歷各地宣傳「內在的教義」。因此，伊司馬儀派又被正統派稱之為「內學派」。9 世紀末，該派的思想體系和組織形式最後完成，力量進一步壯大，曾先後奪取突尼西亞、埃及和敘利亞等地政權，並建立了聞名於世的法蒂瑪王朝。後因遭受蒙古軍和馬木魯克王朝的打擊而衰落。伊司馬儀派在發展過程中，又衍生出蓋爾麥特派、德魯茲派、阿薩辛派、努賽爾派、阿里・阿拉希派等許多支派。

　　什葉派的另一個支派是宰德派。它是 8 世紀中葉由什葉派的第三任伊瑪目侯賽因的孫子宰德・伊本・阿里的擁護者組建而成的。因宰德於 740 年在庫法地區領導反對伍麥葉王朝的武裝起義時陣亡，所以宰德派教義由卡西姆・拉西在 9 世紀初制定。宰

德派屬於什葉派中的溫和派，它的教義有許多地方接近遜尼派。比如在繼承人問題上，它既承認阿里是穆罕默德的合法繼承人，也承認前三任哈里發是合法的。它與什葉派的另一分支伊司馬儀派卻存在很多不同的地方，如它不相信有「隱遁的伊瑪目」之說，反對神化宗教領袖和聖徒崇拜。它不准許信徒使用在受迫害時可以隱瞞宗教信仰的所謂「塔基亞」原則，也不贊同臨時婚姻制。宰德曾是穆爾太齊賴派創始人瓦綏勒‧伊本‧阿塔的學生，深受其影響，所以宰德派還接受了穆爾太齊賴派的「意志自由」和《古蘭經》「被造」的信條。宰德派也曾盛極一時，它曾在伊朗北部馬贊德蘭地區建立過神權制國家，在北非建立過伊德里斯王朝，於 901 年在葉門建立的政權一直持續到 1962 年。

由於受經濟狀況、社會地位和宗教信仰的影響，什葉派信徒對伊斯蘭教正統派的意識形態，往往持否定態度或者變相反抗的態度。但宰德派作為什葉派的一支，他們提出的一些政治主張，表現得更加趨向於政治平等、經濟平均和思想自由，從而成為伊斯蘭教中的一個重要政治派別。

▶哈瓦利吉派

哈瓦利吉派是從第四任正統哈里發阿里的組織中分裂出來的一個伊斯蘭教派別。該派最初的成員是因對阿里與穆阿維亞議和表示強烈不滿而出走的，約有 1.2 萬多人口。659 年，阿里

曾派兵鎮壓該派民眾，但哈瓦利吉派得到了廣大農民、牧民和城市市民等下層阿拉伯人和非阿拉伯人的支持，並參預進來，隊伍不斷壯大，曾一度給伍麥葉王朝和阿拔斯帝國帶來了沉重的打擊。

哈瓦利吉派提倡的是原始的民主和平等，認為哈里發或伊瑪目只有透過選舉產生才是合法的，而非世襲繼承來的。任何一個穆斯林都是平等的，只要他虔信伊斯蘭教，並且懂得教義，就有權當選為哈里發。哈瓦利吉派還主張普通士兵有權平均分配土地和戰利品，從而使士兵成為平等思想的捍衛者，有「軍事民主派」之稱。其政治觀點反映了普通人民大眾的利益和表現出對統治者的不滿情緒。

哈瓦利吉派在信仰上較之於其他穆斯林更為嚴格，非常重視捍衛伊斯蘭教初期的純潔性，被稱作「嚴行齋戒和禮拜儀式的人」。在「五功」的實施上，主張不但要有信仰的表白，而且要有真誠的實踐，不僅要求禮拜前淨身，還要求絕對淨心。在日常生活及各種崇拜活動中，他們反對各式各樣的奢侈行為，並且嚴禁音樂、賭博和菸酒，還禁止崇拜聖徒和朝拜陵墓。

哈瓦利吉派把實現本派的綱領定為每個信徒的神聖宗教義務，把違犯教規者視為叛徒。他們對待異派穆斯林甚至比對待基督教、猶太教、拜火教等異教的教徒手段還要嚴厲。哈瓦利吉派的內部鬥爭曾導致許多小派別的分立，如狂信的艾茲賴格

派、溫和的伊巴迪亞派和介於二者之間的蘇福利亞派等。其中伊巴迪亞派被阿曼奉為國教，信徒占其人口總數的 73% 左右。伊巴迪亞派雖然衍生於哈瓦利吉派，但傾向於遜尼派，不反對什葉派，是一個較為寬容而獨特的派別。

▶蘇菲派

蘇菲派是從禁慾主義發展起來的、獨具特色的伊斯蘭教派別。融神祕主義、神智教和泛神論為一體的蘇菲主義，代表了穆斯林的一種處世哲學和行為方式。其成員有的屬於遜尼派，有的屬於什葉派，由於參加者身穿粗製羊毛服裝，表示簡樸和苦行，所以被稱為「蘇菲派」。

7 世紀末至 8 世紀初，阿拉伯帝國發生了重大社會變革，一些穆斯林提出了禁慾、守貧和苦行的口號，於是，禁慾主義便作為一種反對統治者腐敗和奢侈的勢力，開始出現於伊拉克。庫法的阿拉伯人阿布‧哈希姆首先使用了「蘇菲派」這一名稱。8 世紀中期以後，禁慾主義發展成神祕主義，並把苦行和禁慾當作藉以認識真主、喜愛真主，進而達到與真主合而為一的修行方法，愛成了神祕主義的要素和精髓。神祕主義的代表人物是麥耳魯夫‧克爾赫和艾卜‧蘇萊曼‧達拉尼。到 9 世紀中葉，蘇菲派在新柏拉圖主義的影響下，從神祕主義發展成為神智教。其代表人物為埃及的左農，他提出了神智教觀念，創立了蘇菲

派教義，並使蘇菲主義得以定型。而後，蘇菲派在印度、伊朗的影響下又發展到泛神論。波斯人曼蘇爾‧哈拉吉就是一位極端的泛神論者，他曾呼喊「我就是真主」，最終被阿拔斯帝國的宗教裁判所處死。而最有權威的泛神論者還屬西班牙的阿拉伯人伊本‧阿拉比（1165～1240年），他使泛神論思想達到系統化，曾提出「萬物即真主」的觀念。

蘇菲派運動最初是建立在個人活動的基礎上的無組織的信仰方式，10世紀開始出現一些修道院，11世紀下半葉，才有了永久性的教團組織。蘇菲派的教團是伊斯蘭教的唯一教會組織，首領稱為「謝赫」，成員通稱「德爾維什」。第一個教團叫卡迪裡教團，建立於巴格達。其他著名的教團有伊拉克的裡法伊教團、波斯的七拉維教團、北非的沙茲裡教團和埃及的巴達維教團等等。蘇菲派各個教團自然沒有統一的教義和儀式，但有各自的特殊教規。他們的共同點是使用念珠作為祈禱的工具。因為他們認為真主有99個美名，所以念珠一般有99顆，他們以「齊卡爾」（意思即「讚美」、「頌揚」）為記誦真主的方式，有的出聲，有的默唸。蘇菲派各教團的創始人往往被奉為聖徒，並在基督教的影響下形成聖徒崇拜。進而，在蘇菲派的影響下，聖徒崇拜又在穆斯林世界得到流行。因此形成了蘇菲教團獨特的精神鏈條是：真主－加百列－先知－該教團建立者——現任首領。

蘇菲派的苦修方法是「從抑制慾望開始，經過打坐、靜思，到突發的『瞬間認識』，以達到『合一』和『附身』的虛幻境界」。蘇菲派使用的是朦朧的手法和象徵主義的語言。可以說，蘇菲學是不成文的道德法律學，「它是在伊斯蘭教信仰基礎上的道德學，是伊斯蘭教義學的補充、教法學的組成部分」。蘇菲學派涉及的領域也非常廣泛，其中主要有道德、靈魂、信仰、主宰、宇宙等諸方面。但它並非獨立的政治宗教派別，只是表現為特定的信仰方式和生活原則。

阿拉伯哲學

東西合璧的阿拉伯哲學

　　早期的阿拉伯哲學是從伊斯蘭神學中分化出來的經院哲學，並沒有獨立的地位，它實際上還只是論證伊斯蘭教教義的一種理論工具。辯證法和邏輯學在哲學領域的引進，使以往平靜的阿拉伯思想界激起了理性的浪花，自由意志論對前定論的衝擊，使穆爾太齊賴派粉墨登場，展現在阿拉伯哲學的歷史的舞台上。蘇菲派在禁慾主義和直觀的自我深化思想的基礎上，提倡神祕的神智哲學，使新柏拉圖主義獲得了獨特的實踐。艾什爾里調和正統派與唯理派的衝突，最終使他的學說成為占統治地位的哲學信條。

　　如同其他哲學思維一樣，阿拉伯真正的哲學思維是從自然哲學開始的。如精誠兄弟會力圖普及科學哲學知識，但他們的哲學的要點是神祕的新柏拉圖主義，並帶有相當多的新畢達哥拉斯主義的成分。拉齊的五大永恆的本原的理論，向傳統的伊斯蘭觀念發出了挑戰。阿拉伯逍遙學派客觀上具有唯物主義和無神論傾向，他們在與保守的經院哲學的論爭中逐漸發展起來，成為阿拉伯哲學的主流。加扎利對阿拉伯哲學家進行了猛烈的攻擊，並在艾什爾里學說和蘇菲主義的基礎上，完成了伊斯蘭實用主義哲學體系，成為官方哲學。伊本‧魯世德回擊了加扎利的非難，成功地捍衛了阿拉伯亞里斯多德哲學。13世紀

初，保守勢力對阿拉伯逍遙學派迫害加劇，沒收與公開焚毀哲學著作的事件越來越多，阿拉伯哲學受到沉重的打擊。內部的爭鬥和外部的入侵，使阿拉伯文化一落千丈，阿拉伯哲學進入15世紀後便處於停滯狀態，一直到19世紀末20世紀初阿拉伯思想解放運動中，才重新恢復了活力。

必須指出，阿拉伯人主要是透過新柏拉圖主義者的解釋來了解亞里斯多德主義的。早期的逍遙學派所主張的，實際上是以亞里斯多德學說為主，夾雜著新柏拉圖主義和各種東方哲理的混合物。例如，在很長的時期內阿拉伯人一直把《神學》和《原因篇》當作亞里斯多德的著作。事實上前一部書是普羅提諾《九章集》的卷四至卷六的釋義本；後一部書則是晉羅克魯斯《純粹的德性》的摘錄。這兩部書是阿拉伯哲學家所提出的溢位主義宇宙觀的主要希臘源泉。這一錯誤看法直到伊本・魯世德才得到徹底糾正。

早期的阿拉伯哲學，是包括各種學科知識在內的總彙。哲學研究和自然科學研究相結合，是阿拉伯哲學的一大特點。阿拉伯哲學家一般也是出色的自然科學家。他們大多認為哲學的主旨是研究存在自身，存在可分為必然的存在和可能的存在，前者是存在之本，具有創造力，即造物主；萬物是可能的存在，由造物主所創造或從造物主溢位。數學、醫學、天文學、物理學等等，都是存在的展現，都應以理性思考為基礎來進行研

究，它們理應是哲學研究的一部分，誰不研究自然科學，誰就不是真正的哲學家。阿拉伯一些哲學著作，例如精誠兄弟會的《書信集》、伊本·西那的《治療書》，除涉及形而上學問題外，都包含大量自然科學的內容，可以說是百科全書式的著作。阿拉伯的哲學家尤其推崇數學，把它作為哲學的基礎。隨著阿拉伯哲學的發展，認識論成為哲學研究的中心問題之一。

　　阿拉伯哲學離不開伊斯蘭教教義的思想基礎，在思維對存在、精神對物質的關係這個哲學的基本問題上，深深地打上了伊斯蘭的烙印。絕大部分哲學家為求生存，一方面力圖在亞里斯多德哲學和柏拉圖哲學之間進行調和，尋求共同點；另一方面千方百計地使阿拉伯哲學與宗教教義相一致。部分哲學家在貌似折衷的敘述中，以隱晦的形式表達了唯物主義的思想，提出雙重真理論、自然神論、泛神論、無始實體論、感性基礎論等主張，強調邏輯思維和實踐經驗相統一、理性和感性相統一的原則。這些哲學現在雖然並未成為阿拉伯思想的主流，但在當時則引起了相當大的震動。

　　阿拉伯哲學在世界哲學思想史上占有特殊的地位。西元 5 世紀西羅馬帝國滅亡後，歐洲進入黑暗的中世紀時代，古代希臘羅馬的文化潮流也幾乎中斷。直至 12 世紀末到 13 世紀初這種情況才有根本的變化，在這個時期，亞里斯多德的一些主要著作從阿拉伯文譯成拉丁文，打破了當時思想界的僵化局面。

於此同時，伊本‧西那等阿拉伯哲學家的著作也被介紹到西歐，一度引起當地學術界的轟動。

早期的阿拉伯哲學對世界的影響非常深遠，如羅吉爾‧培根十分尊敬伊本‧西那，稱他為哲學家的領袖和首腦。阿拉伯哲學注重自然科學的精神，促使他將實驗的和理性的能力密切地結合起來，成為「英國唯物主義和整個現代實驗科學的真正始祖」。作為「中世紀的最後一位詩人，同時又是新時代的最初一位詩人」的但丁，他的作品中存在著許多阿拉伯新柏拉圖主義的因素，足見阿拉伯哲學思想對西歐的影響。1250 年，用拉丁文出版了相當完整的阿威羅伊（即伊本‧魯世德）全集，一些進步的思想家以巴黎大學為中心，發揮阿威羅伊的唯物主義和無神論思想，形成「拉丁阿威羅伊主義」，使伊本‧魯世德的思想得到廣泛的傳播，影響深遠。尤其是他的雙重真理論，對中世紀西歐的哲學和科學擺脫宗教教條的束縛，起了積極的作用，促使近代哲學和科學的誕生。

中世紀產生的阿拉伯伊斯蘭哲學，有時簡稱為「阿拉伯哲學」或「伊斯蘭哲學」。顯而易見，該哲學是伊斯蘭教創立後的衍生物，如果沒有伊斯蘭教的問世，也就談不上伊斯蘭哲學的問世。伊斯蘭哲學體系的立論基礎，大致有兩個方面的內容，一是《古蘭經》，二是希臘古典哲學原理。縱觀伊斯蘭哲學體系的形成過程，宗教和哲學的調和色彩及希臘哲學的阿拉伯化是

其最為明顯的兩大特色。

　　中世紀時期的阿拉伯哲學在世界哲學歷史占據了非常重要的地位。一方面中，是穆斯林在翻譯、詮釋、傳播希臘古典哲學方面所做出的貢獻在世界哲學翻譯史中占有光輝的一頁；另一方面，他們在運用希臘古典哲學原理致力於調和伊斯蘭教和哲學之間的矛盾而所開創的伊斯蘭哲學在世界哲學史中也占據了令人矚目的重要位置。中世紀穆斯林在哲學領域裡所取得的成果，對打破中世紀歐洲基督教思想界僵滯沉悶的局面並促使他們更新思維方法重新審視和闡明宗教和科學之間的一些重大課題產生了一定的影響，從而為 14 世紀歐洲文藝復興運動和 18 世紀唯物主義的誕生從不同角度輸送了來自東方世界的養分。

精誠兄弟會及其主要哲學思想

　　精誠兄弟會約在 10 世紀後半葉出現於巴斯拉，後來它的活動擴張至巴格達等其他城市。該會以振興宗教為號召，透過組織其成員討論、撰寫有關認知、道德、國家、社會、靈魂等方面的學術論文在穆斯林群眾中進行宣傳，以此擴大影響，發展會員。從該會目前流傳下來的幾十篇學術論文的內容考察分析，它的性質基本上屬於學術性的哲學團體；但從它的某些言論分析，尤其是組織機構的嚴密程度考察，也不能輕易排除它

不含有宗教政治色彩。

　　西元 10 世紀即伊歷 4 世紀，阿拉伯帝國的政局動盪不安，各種社會矛盾層出不窮。此時的阿拔斯帝國已從興旺發達的前期開始步入衰微頹廢的後期，中央政權實際已被異族——波斯的布維海家所控制。許多邊遠省份由於中央統治失控而紛紛被地方勢力所割據，在名義上，它們雖仍承認巴格達的中央政府，但實際已我行我素、各施其政而成為事實上的獨立小王朝。特別令人矚目的政權變化，是什葉派人的極端派系伊司瑪儀派於 10 世紀初在北非建立了強大的法蒂瑪王朝（909 ～ 1171 年）。10 世紀後半葉，法蒂瑪王朝遷都開羅構成與東部阿拔斯帝國的巴格達、西部後伍麥葉王朝的科爾多瓦三足鼎立的態勢。精誠兄弟會就是在這樣的政治形勢下組建起來的。

　　精誠兄弟會是一個不公開的祕密社團，所以它的活動有著嚴格的規定程式，他們撰寫的論文也必須首先在內部傳閱。為了擴大兄弟會的影響，有些論文認為有必要向外傳播時，也是在選擇了合適的時機和合適的人選後有組織地進行。因此精誠兄弟會以外的人一般很難了解精誠兄弟會的活動情況包括他們撰寫的論文，他們採取祕密結社和隱蔽的活動方式是出於保護自己的需要。這些措施，其性質顯然與什葉派允許其信徒在必要時可運用「塔基亞」原則是相類似的。精誠兄弟會擴大影響的主要途徑是在各地祕密建立分支機構——分會和發展會員。

發展工作由專人負責，對發展對象必須進行宗教信仰、思想品質、生活操行等各方面的細緻考察，在確認其符合標準後才能被吸收入會。

　　精誠兄弟會內部按年齡長幼把會員分成四個等級：第一級年齡最小，從15歲至30歲，稱為初級；第二級從30歲至40歲，稱為中級；第三級從40歲至50歲，稱為高階；第四級年齡最長，都是50歲以上的會員，稱為最高階。精誠兄弟會按年齡大小劃分等級，這是由於他們認為，年齡的長幼與人的成熟程度、知識水準、知識結構和對新知識的接受能力有密切關係，因此對不同年齡層次的會員應給予不同的對待，包括不同的功課、不同的任務、不同的禮遇等等。

　　至今為止發現的精誠兄弟會的傳世作品共有論文52篇，它們是後人研究精誠兄弟會宗旨、主張、宗教觀念、哲學思想等方面的主要根據。這52篇論文內容廣泛，涉及多種學科領域，可大致分成四個類別的內容：第一類是有關數學的，包括探討數字、幾何、星象、音樂、地理、邏輯等方面的研究論文。第二類是有關自然科學的，包括探討物質因素、無機物種類、動植物種類等方面的研究論文。第三類是有關天性本能、理性感知的，包括探討本能的形成、宇宙奧祕等方面的研究論文。第四類是有關神學和玄學的，包括探討教義學基礎、形而上學理論、精誠兄弟會組織原則等方面的研究論文。除此之外，還有

一篇造成提綱作用的《導論》，它幾乎涉及了上述各類內容。

精誠兄弟會的主要哲學思想和哲學命題可分為以下四個部分：

第一，畢達哥拉斯（約前 580〜約前 500 年）的關於數的學說是精誠兄弟會神學觀和宇宙觀的主要理論基礎。雖然兄弟會的哲學理論曾受到了亞里斯多德、柏拉圖、普羅提諾等古代希臘哲學的深刻影響，但他們更推崇古希臘數學家、唯心主義哲學家畢達哥拉斯的以數論為基礎的哲學思想。儘管精誠兄弟會申稱，他們的哲學思想集世界上各種哲學研究的有益理論於一身，但在論證關於世界萬物的起因均出自於同一根源的命題時則主要運用了畢達哥拉斯學派的數論和幾何學觀點。

由於畢達哥拉斯學派的數論是精誠兄弟會哲學論證的基礎之一，因此他們對數論推崇備至，讚賞有佳，表現出了極大的興趣，以至他們在《導論》中說：「數論是學術的基礎，哲理的本源，知識的源泉，精神的要素，首選的鍊金藥，至高的鍊金術」。精誠兄弟會立足於畢達哥拉斯的數論和新柏拉圖主義的「流溢說」論證了伊斯蘭教「真主獨一」的神學觀和以真主為核心的宇宙觀。

精誠兄弟會的宇宙觀認為，真主透過流溢的方式創造了宇宙，認為宇宙世界分成形體世界和精神世界兩部分內容。「形

體世界」，就是我們通常所理解的具有形象、體積的物質世界；包括天地萬物，如天上的日月星辰，地下的礦物、植物、動物以及古代阿拉伯人認為構成地球的四大元素：水、火、土、氣等等。「精神世界」，則包括能動理性、太空總體靈魂和第一物質。這裡所指的「第一物質」，與我們一般所理解的具有長寬高度形象的物質概念不同，它既無形，也無象，但真主正是利用第一物質造就了物質世界中有形、有像的具體對象。至於宇宙世界出現的先後次等，精誠兄弟會則認為，造物主即真主先於其他所有的存在物而首先存在，這如同「一」先於其他所有的數字而首先存在一樣。而後，精神世界則先於物質世界的存在而存在。在物質世界中，天體星辰則先於水、火、土、氣四大元素的存在而存在；而四大元素則又先於礦物、植物、動物世界的存在而存在。

此外，精誠兄弟會還認為，宇宙世界酷似一個巨大的人體。它雖然層層迭迭，錯綜紛繁，充滿了無數的生物和非生物，但是它仍然被統籌於一個有機的整體中，受制於一個靈魂的統率。這和人體各部分受制於一個靈魂統率的機理是一致的。他們還認為，宇宙世界的各部分，無論是上界的日月星辰或下界的水火土氣都是相互依存，相互維繫，你中有我，我中有你而息息相通的；並且按照數學的一定比例關係結合為一體而協調運作。這是由於宇宙各部的創製、組合、合作、運動只

受命於一個獨一的、無與倫比的力量所支配。

　　精誠兄弟會的宇宙觀雖然是唯心主義的，但是他們認為宇宙世界各部相互依存、相互維繫而息息相通的觀點包涵了某些樸素的辯證唯物思想，值得我們去認識並加以借鑑。

　　新柏拉圖主義關於靈魂復歸「太一」的論說是精誠兄弟會靈魂觀的理論基礎之一。精誠兄弟會關於宇宙世界形成的學說認為，造物主從理性光芒中首先創造出太空總體靈魂，它是天界所有物的共同靈魂，而那時還沒出現所謂的「單體靈魂」。直到人類始祖亞當因違背了造物主的命令偷吃了禁果犯了罪，被上帝逐出伊甸園降至下界後才有單體靈魂的存在。這就是說，亞當從上界來到下界時，在他身上帶有部分從太空總體靈魂分離出的靈魂。這部分靈魂被稱作「單體靈魂」。由於單體靈魂是亞當違背了造物主的命令而形成的，所以精誠兄弟會認為，單體靈魂都是帶罪的靈魂，它們只有在被徹底淨化後才能被允許重新復歸太空總體靈魂。所以人的靈魂要實現復歸太空總體靈魂的願望必須具備下列兩個條件：一是充實知識，提高修養，淨化靈魂；二是壽終正寢，肉體死亡。因為只有在肉體死亡後，靈魂才能脫離肉體而復歸太空總體靈魂。由此可見，淨化靈魂是復歸總體靈魂的先決條件；反之，如果帶罪的靈魂沒有透過求知的途徑實現淨化，依然處於學識淺薄，道德低下，惡習未消的境地，那麼，即便肉體死亡後靈魂仍不能獲得解救被允許

復歸太空總體靈魂，而只能墜入黑暗的、非精神的物質世界的深淵，飄忽不定，為贖罪而繼續受到折磨和懲罰。

精誠兄弟會還認為，靈魂脫離肉體後要經歷一次「小復活」，它有兩種前途：昇天復歸太空總體靈魂，或下墜墮入黑暗的物質世界的深淵。但不管是升騰太空的靈魂或墜落深淵的靈魂都要經歷世界末日的審判，屆時的復活即「大復活」才最終決定靈魂的命運 —— 進天堂或入火獄。而不管是復活還是末日審判，僅限於靈魂範疇，與人的肉體無任何關係。精誠兄弟會的這一思想著眼於精神世界的探索和追求，與傳統的宗教觀相差甚遠，而且給人留下了富有哲學意境的遐想。

精誠兄弟會的品德觀建立在多種理論基礎上，從某種程度看其中有些觀點具有唯物論傾向。精誠兄弟會在有關道德觀的論述中明確指出，要實現單體靈魂復歸太空總體靈魂的首要條件就是淨化靈魂，而淨化靈魂的最佳途徑就是在充實知識的基礎上努力提高品德修養。這是因為只有具有豐富知識和高尚品德的人才具有激發靈魂積極向上升騰的強烈慾望，從而在肉體死亡時才能具備復歸太空總體靈魂的能力。精誠兄弟會認為，只有具備真知灼識的人才有可能具備高尚品質，兩者是相輔相成的；但是，真知灼識的獲得和高尚品德的養成，受到多種客觀因素的制約而絕非個人意願所能決定的。精誠兄弟會指出，至少有四方面的因素對人的成長髮生明顯影響。它們是：①構

成人體成份的比例因人而異，從而致使人體素質結構的差異；②人所生活的自然生態條件如水、土、氣候等各不相同，從而致使人體發育的差異；③人出生後即受到不同的社會、家庭如宗教信仰、文化知識、風土習俗等方面的薰陶和培養，從而致使人的教育水準、生活習慣、秉性休養的差異；④處於不同方位、不同距離的天體如日月星辰對地球的不同區域產生不同的影響力，從而致使母體所懷胎兒發育過程的差異。

精誠兄弟會認為，差異的客觀存在，必然導致知識水準和品德修養高低的分野；因此不同界層的人都應認識自己的不足而勤勉學習、充實知識、砥礪意志、修身養心。為此，精誠兄弟會不反對會員身體力行走蘇菲派所主張的修煉身心的佐海台道路。在加強自身的修養方面，精誠兄弟會還特別強調社會、家庭、宗教、教育對人身心培養的重要意義和潛移默化的作用。父母兄弟、至親好友、教長老師的言行對人秉性和品德的規範和養成是至關重要而決不能疏忽的。

精誠兄弟會站在客觀立場總結了阿拉伯帝國的統治經驗，提出了含有一定辯證思想的政治觀。精誠兄弟會認為：「人」是社會的人，他只有依靠人與人之間的互助合作才能實現自己的目標。人類社會分工的不同是符合神的意志且天經地義的事，只有這樣，人類才能一起把世界建設得更美好，而人類自己的靈魂才能迴歸到總體靈魂中。

在政治學說領域，精誠兄弟會從先知政治、帝王政治、民眾政治、家庭政治和個人政治等五個方面加以闡述。所謂「先知政治」，是寓義於啟迪、教誨和循循善誘，即對「迷誤的心靈」要善於開導，以理服人，引領他們從邪惡的信仰、荒謬的理論、鄙俚的習俗、粗野的行為中解脫出來，最終使他們皈依伊斯蘭教。所謂「帝王政治」，是指以遜奈為基礎，制定教法、教規和樹立揚善抑惡、急公好義的良好社會風氣。所謂「民眾政治」，是指為官者如何對民眾對下級實施有效而適當的治理；如地方長官如何治理所轄地區和城市，村民如何管轄村民，統師、軍官如何統率軍隊和管理兵營等等。所謂「家庭政治」，是指以家庭利益為基礎如何妥善安排和處理紛雜繁多的家庭事務，如家庭生活、子女教育、主僕關係、鄰里關係、親朋關係等等。所謂「個人政治」，是指個人的品德、言論、行為等方面的修養，努力將自己培養成為一個合格的公民。

由於精誠兄弟會的哲學理論都是以通俗的方式表達出來的，所以在阿拉伯世界流傳極為廣泛。精誠兄弟會的政治、哲學、宗教等方面的觀點，對阿拉伯世界的許多著名的學者和宗派領袖都產生了深刻影響。

阿拉伯哲學家肯迪

被尊稱為「阿拉伯哲學家」的肯迪（約 801 ～ 873 年），力圖把柏拉圖和亞里斯多德的觀點調和起來。他不僅把亞里斯多德的著作譯成阿拉伯文，還研究亞里斯多德著作的各種譯本，並加以修正和詮釋。

從世界觀看，肯迪屬於唯心主義哲學家。他認為，宇宙由阿拉創造，阿拉對宇宙萬物的作用是間接的，二者之間有若干媒介。物質世界並不具有實在性，只有精神才具有完全的實在性。精神為一切作用的根本，物質只具有從精神中流出的形式，即精神決定物質的存在。人類的靈魂是從宇宙靈魂中流出來的，它介於精神和物質世界之間，雖受肉體限制，卻可獨立於肉體之外，並且不會被消滅。人或物隨時可能喪失，而精神則是永恆的。因此人人必須敬畏阿拉，專心求學，才能使自己享受精神世界永恆的幸福。在認識論上，肯迪屬於二元論，即認為人的知識既來源於感官，又來源於理性。感官所能知道的是特稱，是物質的具體形式；理性所能認識的是全稱，即「種屬或精神的形式」，實際上就是「一般概念」。感性認識的是形而下的世界，理性所能推測的則是形而上的世界。

據傳肯迪的著作很多且涉獵領域極為廣泛，有《辯論術》、《占星術》、《音樂論》、《政治學》、《心理學》、《天文學》、《氣

象學》、《光學》等，但幾乎全部失傳，流傳下來的僅有 4 篇哲學
論文，被譯成了拉丁文。

法拉比及其主要哲學思想

　　法拉比（870～950 年）的本名為艾卜‧納思爾‧穆罕默德，
因他出生於今土耳其境內塞伊漢河畔的法拉比鎮，故被人們稱
呼為「法拉比」。法拉比的父親是突厥人，其母為土耳其人，
因為父親在土耳其軍中供職，所以家境比較富裕。法拉比自幼
天資聰穎，勤奮好學，長大後在家鄉從事司法工作。法拉比約
在 40 歲時離開了家鄉法拉比遷往土耳其帝國首都巴格達。在那
裡，他廣交學者，參加各種學術活動。最初他熱衷於語言學研
究，後對邏輯學發生濃厚興趣，曾師從於當時巴格達著名的哲
學家、邏輯學家麥泰‧本‧猶尼斯（？～940 年），專心致志學
習邏輯學和哲學，後來法拉比又前往卡雷（在土耳其境內）師從
猶哈那學習邏輯學。後又重返巴格達潛心哲學研究。法拉比在
對亞里斯多德哲學著作的考訂和註釋方面取得了很大成就，並
在巴格達出版了多種哲學著作。之後，法拉比又遊學於大馬士
革和埃及。最後定居於哈勒頗達 5 年之久，從而成為艾米爾賽
夫‧道萊的座上客。950 年，法拉比隨賽夫‧道萊前往大馬士
革，不幸病故，享年 80 歲。

　　法拉比本人有蘇菲派傾向，好沉思默想和修身養心。他一生撰寫了大量學術著作，但其中大部分失傳。由於傳世的著作很少，因此法拉比的哲學思想在東西方的傳播不很廣泛。直到 19 世紀，這種局面才有所改善，這首先要歸功於德國東方學家迪特裡希對法拉比哲學著作手抄本的蒐集、整理和研究；而且他還翻譯了部分手抄本，德語版的法拉比的哲學著作於 1890 年首次在荷蘭蘭頓發表。

　　法拉比對亞里斯多德哲學的研究成就顯著，他對亞里斯多德哲學的考訂、詮註和翻譯為世界哲學史做出重要貢獻，可以毫不誇張地說，亞里斯多德哲學著作在中世紀得以廣泛流傳的原因與法拉比對其著作的考訂和詮註有直接關係。中世紀之後直至近現代，哲學史界對亞里斯多德著作的分類，大致仍根據法拉比的分類原則而未作重大變更。法拉比對亞里斯多德哲學思想的深刻理解和對其著作的詮註和翻譯，對於亞里斯多德的哲學觀得以在中世紀阿拉伯世界廣闊的地域內廣泛傳播產生了重大影響，也為亞里斯多德哲學著作正確譯成現代歐洲文字造成了引領和鋪墊作用。歷史上的阿拉伯哲學界尊稱法拉比為亞里斯多德之後的「哲學第二大師」。這是阿拉伯哲學界對法拉比在亞里斯多德哲學領域所做出的卓越貢獻所給予的既中肯又親切的褒獎。

　　根據歷史傳述，法拉比自己撰寫的哲學論著多至幾十種，

遺憾的是大部分論著隨著歲月的流逝而散失了。目前所發現被流傳下來的著作主要有：《形而上學要義》、《柏拉圖和亞里斯多德哲學觀的調和和統一》、《論理智》、《論民政》、《哲學入門》、《邏輯學入門》、《高尚城市居民》、《答疑》、《幸福論》、《疑題集》等等。其中的《形而上學要義》一書，是法拉比悉心研究亞里斯多德形而上學哲學思想後用阿拉伯文寫出的一本深入淺出、簡明扼要的心得體會。他的這本著作受到比他晚出約一個世紀的另一位傑出的阿拉伯哲學家伊本・西那的高度評價。法拉比所撰寫的《學科分類》，也是一篇獨具匠心的力作。他在總結前人經驗的基礎上提出從事哲學研究需涉及的主要學科領域。它們分別是語言學、邏輯學、教育學、物理學和神學、民政學和法律學等五大類，法拉比對上述五類學科內容條分縷析，逐一敘述，具有很高的學術價值。

法拉比一生崇尚希臘古典哲學。他立足於伊斯蘭世界觀、結合希臘古典哲學的思維方式，對社會、人生、世界、靈魂、信仰、倫理、政治等眾多中古哲學命題提出了一系列獨到的觀點，從而在世界古典哲學界尤其是中古阿拉伯哲學界奠定了重要的地位。

法拉比的哲學思想很豐富，下面是他的幾個著名哲學論點。

必須（無因、絕對）存在和可能（有因、相對）存在。

這一論據是法拉比在形而上學哲學範疇中解說「真主記憶體在」的一個著名觀點。所謂「可能存在」，是指不能依靠自身的原因而必須藉助外部原因才能在宇宙中存在的事物。所謂「必須存在」，則是指只依賴於自身的原因無須藉助外部原因即能存在的事物。法拉比據此論點認為，宇宙萬物源於真主阿拉，他既無「始」也無終，他是宇宙間所有可能存在物的唯一外因和根源。法拉比還認為，真主的存在無須論證。法拉比以「必須存在」的觀點解說真主的存在，是他唯心主義哲學觀的核心思想。

「流溢說」是法拉比宇宙觀的基礎思想。

法拉比的「流溢說」雖然來源於新柏拉圖學派創立者普羅提諾，但卻作出了不同於普羅提諾的解說。首先，法拉比把「流溢」解釋為一種實施理性的過程。他明確提出，宇宙的本原就是「必須存在」的真主，而真主即是完全不同於「物質」的「理性」，這與普羅提諾的「太一」概念相去甚遠。由此可見，法拉比的「流溢說」是建立在「真主即理性」的觀點上的，法拉比的結論是，真主的理性是一種能動的理性，物質世界的構成完全依賴於真主的理性過程而無需其他任何「推動力」。鑒於法拉比「流溢說」的核心思想仍離不開他在伊斯蘭宗教立場上所提出的「必須存在」的觀念，因此，法拉比的「流溢說」，儘管在形式上似向「理性」世界邁進了一步，但就其實質而言仍未能擺脫唯心主義宇宙觀的框架。法拉比這種介於哲學與神學、理性與宗

教之間的論證在伊斯蘭哲學體系中具有一定的時代特徵和代表意義。

建立「高尚城市」的思想是法拉比社會觀和幸福觀的集中反映。

法拉比受柏拉圖在《理想國》、《法律篇》等著作中所表述的關於人類社會道德、教育、政治等理念的影響，提出了建立高尚社會即「高尚城市」的思想觀念。這一思想觀念集中展現在他老年時期所精心撰寫的《高尚城市居民書》一書中。該書深入論述了建立高尚城市所必備的條件，從而反映了法拉比的社會觀和幸福觀，法拉比所倡導的幸福觀極富特色，有些論點即使現在看來仍含有一定的現實意義和指導意義。

卓越的智者 —— 伊本・西那

伊本・西那原名阿布・阿里・侯賽因，拉丁文譯名「阿維森納」。他於 980 年 8 月 16 日出身於布哈拉附近的艾弗申納鎮的一個塔吉克人家庭，父親是位財稅官吏，信奉伊斯蘭教伊司瑪儀教派，對科學、哲學非常痴迷。

伊本・西那自幼聰明過人，十歲能全文背誦《古蘭經》。此後，在學校中學習數學、邏輯學、醫學和教法學。他學習勤

奮，深受老師的喜愛。伊本・西那後來成為阿拉伯世界著名的哲學家和醫學家。

　　由於伊本・西那 17 歲時治好了薩曼國王努赫二世的病，而被特許使用薩曼朝宮廷圖書館。他在那裡刻苦學習，用非凡的理解力和記憶力吸取了豐富的知識，為以後治學打下了堅實的基礎。伊本・西那研究了法拉比的哲學著作，並深受其影響。所以他被認為是最後完成希臘哲學與伊斯蘭教相調和的學者，是「東方折衷派的大哲學家」。他的哲學思想以唯心主義為主，兼有唯物主義因素。他認為物質是永恆的，並不是由阿拉流出。但他又認為由阿拉流出第一精神，宇宙萬物由第一精神開端，第一精神流出最遠天體的統治者即第二精神。以此類推，一直到流出原動精神。再由原動精神流出地球上萬物的物質和形象，以及人類的靈魂。這種靈魂就是精神和形體的媒介。

　　伊本・西那的世界觀導致了他的認識論，他認為人的認識以經驗為媒介，人類透過感官獲得對外界事物的感覺，透過頭腦的思辨作用，使複雜的表象普遍化。但同時他又認為，人類之所以能像這樣認識物質世界，是由於原動精神指導、照耀和賦予了人類理性。伊本・西那不是簡單地繼承希臘古典哲學尤其是亞里斯多德的哲學觀點，而是創造性地發展古希臘哲學家的思想。他曾經說道：「我們應該著手研究自然的歷史，我們在這裡選擇亞里斯多德派哲學所使用的方法，並致力於解決困難

的問題。我們看到許多科學家，他們把自己所有的力量都花費在說明不必要的事情與容易弄明白的問題上；他們引用各種論據來說明這些事情和問題，並利用這些事情和問題作為例證。而當接觸到困難的問題和需要論證的事實時，他們很快就把這些難題丟到一邊。但是，我們希望沿著另外的道路前進……」

伊本‧西那的主要哲學著作是《治療論》，這是一部哲學百科全書，書中的內容既包括了亞里斯多德哲學的傳統和新柏拉圖派的哲學觀點，又論述了伊斯蘭教的教義學。這正是阿拉伯教哲學的特點，即把希臘古典哲學與伊斯蘭教的教義相互糅合而形成的。他的其他哲學著作還有《拯救書》、《知識書》、《東方人的哲學》以及暮年之作《指示與警誡》。

學術界通常把肯迪、法拉比、伊本‧西那這三位著名哲學家稱為受新柏拉圖派影響的亞里斯多德派哲學家，並認為「把希臘哲學和伊斯蘭教加以調和的工作，由阿拉伯肯迪開端，由突厥人法拉比繼續，由波斯人伊本‧西那完成」。作為一位「卓越的智者」，伊丁‧西那在世界哲學史上具有里程碑式的地位。

阿拉伯文學藝術

絢麗多姿的阿拉伯文學

中古阿拉伯文學，一般可分為三個時期：賈希利亞時期即伊斯蘭教誕生前時期（475～622年），伊斯蘭初期和伍麥葉王朝時期（622～750年），阿拔斯帝國時期（750～1258年）。

▶賈希利亞時期

賈希利亞時期的文學作品大致產生在5世紀末，是目前所能見到的歷史最悠久的阿拉伯文學作品。這一時期，阿拉伯半島的語言文字逐漸走向統一，因此流傳下來的文學作品基本上是用與後出的《古蘭經》語言相仿的標準阿拉伯語所創作的。但這些文學作品的原始形態，基本上都是沒有書面記載的民間口頭文學，它們的問世和流傳都是透過口耳相傳的形式進行的。雖然那時的阿拉伯文字已基本定型，但仍不夠完備，要掌握和書寫還有一定難度，再加之阿拉伯半島的書寫工具十分稀少，因此當時大部分部落民絕大多數是文盲，能讀會寫的人是鳳毛麟角，寥寥無幾。這一時期流傳下來的阿拉伯文學作品，與世界其他民族大致相同，以詩歌為主。阿拉伯賈希利亞時期，凡有名的詩人都擁有自己的「拉維」──詩歌傳述者，他的任務就是背誦詩人的作品，而後在群眾中朗誦傳播。如此一來，那些群眾所喜聞樂見的上乘之作，透過口傳耳聞也能世代傳承。

這種狀況到 8 世紀才有所改變，這些作品開始被文人們蒐集、整理、訂正、謄抄，然後以書面語言形式在各地傳誦。因此可以說，賈希利亞時期能儲存下來的文學作品其數量極少，都是一些經過長期考驗的膾炙人口的優秀作品。

賈希利亞時期流傳下來的最著名的阿拉伯文學作品要屬《懸詩》，「懸詩」的阿拉伯語音譯為「穆阿萊葛特」，意即「被懸掛的（詩）」。《懸詩》創作於約 6 世紀，都是一些長篇抒情詩。在賈希利亞時期，麥加周圍的各部落每年都要聚集在麥加附近的歐卡茲舉行盛大集市。詩人們在集市上爭妍鬥豔，競相賽詩，高聲朗誦自己的詩作，藉此誇獎本部落的榮耀和顯示自己的才華。凡是公認的賽詩佳作用金水謄寫在細麻布上並被懸掛在克爾白神廟的外牆上供人鑑賞。這就是有關「懸詩」由來的通說。至 8 世紀，流傳下來的懸詩才被蒐集、考訂、輯錄，共有 7 篇。毫無疑問《懸詩》的作品都是由賈希利亞的著名詩人所作。其中最負盛名的兩位詩人，是被喻為詩哲的烏姆魯勒・蓋斯（500 ～ 540 年）和騎士詩人安塔拉・本・舍達德（525 ～ 615 年）。

《懸詩》問世代表了阿拉伯古典詩歌走向成熟和日臻完美。懸詩一般格律工整，音韻嚴密。懸詩有其自身的藝術風格，引詩抒懷，情景交融，比喻生動，層次分明是它最明顯的特色。

縱觀賈希利亞時期創作的懸詩，其結構一般大致有三部分組成：第一部分是起興。其內容大多是憑弔情人遺址，追憶昔

日男歡女悅的戀情；第二部分是描述。主要是對如旅遊、征塵、駿馬、駱駝、沙灘荒漠、烏雲閃電、暴風驟雨等的刻劃與描述；第三部分是正題和高潮，是詩人創作動機的真實反映。其內容大多是對自己及本部落的誇獎和褒揚或對敵手的貶謫和嘲諷等。

由於《懸詩》生動表現了古代阿拉伯游牧部落的生活場景，因此，它不僅是阿拉伯古典文學的珍品而具有極高的鑑賞價值，也是伊斯蘭教產生前阿拉伯民族生活狀況，思想感情、社會結構、風土人情等方面的真實寫照而具有極高的研究價值。

以詩歌為代表的阿拉伯賈希利亞時期的文學作品，生動反映了以原始公社制為基礎、家族血緣關係為維繫的阿拉伯氏族社會生活的歷史畫面。賈希利亞時代古典詩歌的發展勢頭在伊斯蘭初期受到了抑制，詩人的地位受到了挑戰，從而使阿拉伯的文學走向了另一個歷史階段。造成這一現象的主要原因，是由於大部分處於部落貴族階層的詩人們出於自身利益的考慮，對伊斯蘭教的興起起初持反對立場，並且不時對伊斯蘭教及其先知和穆斯林進行詆譭和攻擊。以先知為首的穆斯林為了維護伊斯蘭教和先知的尊嚴而對詩人們的行徑發起有力的反擊是完全可以理解的。而且，這所有的一切都是歷史的必然，歸根結柢是政治上層建築的改變帶動了文學領域的改變，因為文學在某種程度上也是為統治階級服務的。

▶伊斯蘭初期和伍麥葉王朝時期

伊斯蘭初期，穆斯林為了維護自身的利益而反對詩人的癥結，主要是由於詩人們的宗教立場和政治態度與之有衝突或分歧。因此，一旦詩人們改變了立場和態度並紛紛皈依伊斯蘭教後，穆斯林對詩人的態度也隨之改變，而且給予了他們極大的榮譽，隨之帶來的是另一個新的文學時期。

出現於伊斯蘭初期的宗教性詩歌，因伊斯蘭革命的發展而不斷增多，這一特色和傳統隨著伊斯蘭革命的勝利和伊斯蘭國家的建立和鞏固，自西元 7 世紀中葉始一直延續至今。

伍麥葉王朝是阿拉伯人建立的第一個統一的、世襲制的伊斯蘭王朝，它的建立，一方面是伊斯蘭聖戰取得決定性勝利以及伊斯蘭政治、經濟、文化、宗教等基礎相對穩定的象徵；但另一方面也充分暴露了伊斯蘭帝國內部各派政治勢力鬥爭的尖銳性和複雜性。什葉派人反對伍麥葉人的政治鬥爭始終沒有平息而成為王朝統治階層的心腹之患。為了政治鬥爭的需要，伍麥葉王王朝的統治者十分重視詩歌在政治鬥爭中製造輿論的作用，他們往往不惜重金籠絡一些著名詩人，利誘詩人創作有利於伍麥葉人統治的政治性詩篇。但隸屬於其他各派政治勢力的詩人當然不會坐視不管，為了派別和自身利益的需要也紛紛起來寫作攻伐伍麥葉人的政治性詩篇。所以伍麥葉王朝政治詩

的興起，決不是偶然的，而是當時各派政治勢力鬥爭的客觀反映。在這一時期出現了三位傑出的詩人，他們是：哲利爾（653～733 年）、法拉茲達格（641～732 年）和艾赫塔勒（640～708年）。

如果說政治詩的興起，是伍麥葉詩壇的一大特色，那麼，伍麥葉詩壇的另一特色就是情詩的興起。阿拉伯民族在賈希利亞時代就有情詩的創作，但它們往往是作為長篇抒情詩的一部分而不是獨立成篇，如懸詩中的第一部分，都富有情詩的特點。伍麥葉時代的情詩則不同於懸詩中的第一部分，它自成體系單獨成篇，不再作為長詩的附屬部分。因此，情詩作為詩歌創作中的一個獨立題材，是由伍麥葉時代所開創的。

伍麥葉時代的情詩可分成豔情詩和戀情詩兩大類。豔情詩首先在麥加和麥地那等城市發展起來。這類情詩對男女情愛的描寫比較露骨，格調比較低下。豔情詩的興起，與當時的社會政治狀況有著十分密切的連繫。當伍麥葉人在大馬士革奪取政權並建立王朝後，大批聖門貴族後裔麇集在聖城麥加和麥地那。這些聖門子弟由於政治上的失勢而意志消沉。他們飽食終日，無所用心，日復一日，轉而沉湎於追求聲色享樂之中。豔情詩的情調與聖門子弟的頹廢、沒落情緒一拍即合，由此應運而生。另一類情詩戀情詩，則主要興起於阿拉伯半島希賈茲和納季德等沙漠、曠野地區的游牧部落中。這類情詩富有賈希利

亞時代自然、樸素的遺韻，追求柏拉圖式的純情之愛，充滿了誓死不二、海枯石爛不變心的情結。有些詩歌情意悱惻，感人肺腑，成為後世詩人、作家再創作的題材，其中以「馬季農‧萊伊拉」為題材創作的詩歌，曾在伊朗、埃及等地一再被重新創作並在民間傳詠而經久不衰。

7 世紀中葉，《古蘭經》定本問世。作為伊斯蘭教經典和法典的《古蘭經》，自降示至今的 1300 多年，對全世界穆斯林的思想意識、道德情操、價值觀念、言論行為等方面所發生的影響，比起《聖經》對基督徒的影響，是有過之而無不及。從另一角度來說，《古蘭經》是一部十分優美的散文作品，而且我們決不能忽略《古蘭經》對阿拉伯文學產生的深刻而全面的影響。它依照伊斯蘭教的認識觀點描寫生活和事物，從人的表面行為看到人性的本質，從人和事物中看到主的作用。《古蘭經》的故事首先是眾先知的故事和傳說，有阿丹、哈娃、穆薩、爾撒、易卜拉欣等，接著是天使、精靈和魔鬼的故事。至於《古蘭經》故事的創作特色，我們在前文已有論述，對此不再贅述。

除《古蘭經》外，《聖訓》是僅次於《古蘭經》的宗教經典；從文學角度來說，《聖訓》同樣是十分優美的散文作品。因此，從伍麥葉後期開始收集、整理、校勘、編纂的聖訓集，對後世的阿拉伯文散文創作也產生了非常重要的影響。

阿拔斯帝國時期

　　阿拔斯帝國是阿拉伯民族建立的一個強大帝國，它歷史悠久，長達五百多年，地跨歐亞非三大洲，版圖遼闊，實力雄厚，與當時屹立於東亞的中國唐朝成為中古世界最強大、最先進的東西兩大王朝。阿拔斯帝國建立後的開初一個多世紀，政治、經濟、文化高度發展，文化學術活動空前活躍。許多希臘、羅馬、波斯、印度等哲學、文學、藝術、科技等領域的經典著作被譯成了阿拉伯語，從而大大促進了阿拉伯伊斯蘭文化的發展。與之相同，阿拉伯文學在這一時期同樣也得到了飛速發展。

　　阿拔斯帝國統治的最初 150 年，巴格達哈里發的中央集權統治比較穩固；但自 9 世紀末開始，巴格達的統治權先後被突厥人、波斯人和塞爾柱人所篡奪，阿拉伯帝國的實際統治權為異族所控制，阿拔斯帝國的中央集權體制名存實亡逐漸解體。由於政治上的分裂，導至帝國的整體國力日益衰敗。但文藝領域的情況比較複雜，從表面上看，發展勢頭也有所放慢而不如前期那樣強勁，但從實質上看，有些地區某些時期的文藝領域似有了更富個性的發展，如埃及的法特梅、埃宥比王朝時期，西班牙的後伍麥葉王朝時期。

　　阿拉伯傳統古典詩歌在阿拔斯帝國得到長足的發展，而且

在此基礎上還有所創新：不僅詩人輩出，而且內容廣泛、題材新穎，出現了諸如頌揚詩、愛情詩、悼念詩、諷喻詩、詠酒詩、倫理詩、教育詩、田園詩、行獵詩等多種題材的詩歌。阿拔斯帝國時期出現了艾卜·努瓦斯（762 ～ 813 年）的詠酒詩，艾卜阿塔希葉（748 ～ 826 年）的苦行詩，穆太奈比（915 ～ 965 年）的哲理詩，艾卜·阿拉·麥阿里（973 ～ 1058 年）的厭世詩，他們在阿拉伯詩壇自立風格、自成體系，千百年來一直風靡於阿拉伯世界，其中有些詩句因膾炙人口而成為現今民間慣用的俗語。詩歌的創作手法，在阿拔斯帝國時期也有所發展和創新，如 9 世紀在安達盧西亞出現的「彩詩」，其創作手法就異於傳統古典詩歌。彩詩既能吟詠也能吟唱，它與傳統詩歌的最大區別在於：傳統詩歌不僅要求格律嚴謹而且還必須保持一韻到底；而彩詩則比較靈活，雖然也要求格律，但韻腳卻可以改變，不必一韻到底。因此彩詩從音色上講比傳統古典詩有了很大的進步，比較豐富多樣而不落於古板、單調。

除詩歌外，阿拔斯帝國的散文特別是寓言、故事和遊記的創作達到了空前的高度；如著名的寓言童話集《卡里來和笛木乃》、故事集《一千零一夜》和遊記《伊本·巴圖塔遊記》自問世後得到一致好評，且一直廣泛流傳於世界各地，對世界許多民族的文學產生了極為深刻、持久的影響，它們是名副其實的世界文學名著。

《古蘭經》與阿拉伯文學

《古蘭經》是伊斯蘭教的思想經典，穆斯林精神的依歸，同時在阿拉伯文化藝術遺產中也享有重要地位。《古蘭經》是最早的用文字記載的阿拉伯文學作品，是迄今為止儲存下來的最早的阿拉伯散文作品。

《古蘭經》從文學藝術的角度看，《古蘭經》的修辭、韻腳、節奏，吟詠時渾然一體，它所蘊含的音樂美使其具有攝人心魄的感染力，構成優美的藝術境界，引人進入愉悅、高尚的精神殿堂。《古蘭經》被尊崇為阿拉伯散文體的範本，直到現在還有一些傳統派的阿拉伯語作家，在有意識地摹仿《古蘭經》的韻文風格。吟誦《古蘭經》是所有穆斯林集會的主要內容，它的詞句和著節拍、聲調，打動聽眾的心扉，以其獨有的藝術魅力和精神力量占據了穆斯林的內心世界。《古蘭經》在語言文學方面發揮了重要作用，那就是使得講阿拉伯語的國家都嚴格遵循由《古蘭經》規範化的標準阿拉伯語，從而使各國阿拉伯語在理解和表達上趨於統一。可以說，這一作用是其他任何力量所不能及的，而《古蘭經》神奇地辦到了。

《古蘭經》對阿拉伯 —— 伊斯蘭文學的貢獻，是促使人們認真研究伊斯蘭教前矇昧時代文學及歷史，從而更容易理解《古蘭經》的背景。《古蘭經》大量運用明喻、暗喻、押韻等方法，豐

富了阿拉伯 —— 伊斯蘭文學表現形式。

「古蘭」一詞的本義是「誦讀」，在《古蘭經》中指以韻腳、節奏等美感把真主的啟示「誦讀」出來。《古蘭經》是誦讀的經典，講究音樂、節奏等美感。《古蘭經》充分利用了阿拉伯語抑揚頓挫、富有樂感和節奏的語言特點，顯示了獨特美妙的文體，難怪古今穆斯林異口同聲地宣稱《古蘭經》不但在內容方面，就是在風格上，都是無法效仿的。《古蘭經》語言流暢有致，詞彙豐富，結構嚴謹，言簡意賅，因而在修辭、音韻等方面成為後世散文的典範，在語言規範方面則成為最高標準。

《古蘭經》是一部生動的音樂，《古蘭經》的音樂美感表現在以下幾點：抑揚頓挫的不同聲調，不同段落的關係和正確連讀，特定節文中應答和低聲祈禱，誦讀的停頓。

《古蘭經》《古蘭經》的另一個特點是運用押韻。阿拉伯人運用押韻的才能超過其他民族。押韻在阿拉伯語和《古蘭經》中一般讀作靜音，便於閱讀，增強文章氣勢，注意首尾的起承呼應。《古蘭經》還運用阿拉伯語特有的諧音，即在一句經文中或前後句中使用形式相同或相似、但意義不同的兩詞，由於讀音接近，所以使表達變得妙趣橫生、活潑新鮮起來。

《古蘭經》極大地豐富了阿拉伯語修辭學，大量運用比喻是《古蘭經》的突出特徵。它使表達明確、生動、形象，啟發聯想。

在《古蘭經》中講述了許多生動的故事，它不僅負有宗教目的，起著教化、引導的作用，還具備故事這一文學形式所要求的一切因素。

《古蘭經》裡的故事表現手法非常自由，有時按故事先後順序逐步展開，有的開門見山，有的先對故事的寓意作一番簡評，接著再講述故事內容，有的則僅用寥寥數語提醒讀者故事主要內容已經開始。在講述過程中常出神來之筆，有時在讀者毫無察覺的情況下，突然說出箇中祕密；有時先將故事祕密和盤托出，但讓故事的主角矇在鼓裡，使讀者為主角暗暗著急；有時又用一個意外情節，使讀者與故事裡的主角一起恍然大悟……在描寫手法上蒼勁有力，生動活潑，飽含激情，同時往往給讀者留下想像的餘地，使人感到回味無窮。

《古蘭經》的文體以顯著的自由灑脫和獨特的創造力，充分運用了抑揚頓挫的句法。這部宗教經典同什是文學史上不朽的名作，在阿拉伯文學史上獨樹一幟，其獨特的表現手法在阿拉伯文學中達到了空前絕後的地步。《古蘭經》雖然是宗教經典，但它影響了許多代人的思想觀念、語言文化和風俗習慣，對阿拉伯文學的影響十分深遠。

阿拉伯詩歌

　　詩歌在阿拉伯——伊斯蘭文學中占有重要地位。伊斯蘭教誕生前的矇昧時期，產生了許多抒情詩。由於阿拉伯半島沙漠廣布，自然環境險惡，部落間連年鏖戰，因而無法產生敘事詩或神話故事。「詩人從他們的生活環境中選擇容易提取的題材，不願意花費心力去尋找那些深刻的內容。」這一時期的抒情詩的題材主要是女人、聲音、自然、戰爭、死亡、享樂等。這些詩經長期口誦，世代相傳。駝隊的吟歌在阿拉伯人心目中的地位崇高，被認作詩歌的雛形。據記載，有位名叫馬達爾・伊本・麥阿德的阿拉伯人，從駝背上摔下，手被挫傷，他便喊遭：「呀！亞達！呀！亞達（呀！我的手！呀！我的手！）！」他的喊聲琅琅如樂，於是駱駝踏著他的喊聲行進。這種駝隊的吟歌，被稱為「希加」，是阿拉伯人最早認識的韻文，由此產生民謠。民謠最初的旋律稱「拉加茲」，與駱駝行進的節奏合拍，每行內包括 4～6 個音步。阿拉伯人說：拉加茲是詩歌的頭生子，希加是父親，歌曲是母親。矇昧時期的阿拉伯詩人社會地位顯赫，是「部落的先知，和平的領袖，戰爭的英雄；尋找新牧場要徵求他的意見，搭起帳篷或收起帳篷，全憑他的一句話；他就像一個帶領一群焦渴者尋找水源的嚮導。」

　　矇昧時期的阿拉伯詩歌有兩種形式：七行以下的「麥歌突

阿」（短詩）和「格綏達」（長詩）。每行詩由上下兩句組成，行尾詞須押韻。最著名的詩是「懸詩」。即詩人們在麥加附近的歐卡茲市場舉行賽詩會，優勝者將詩以金水書寫懸於克爾白神廟的牆壁上，故名「懸詩」。七首「懸詩」被認作極品，烏姆魯勒·蓋斯（500 ～ 540 年）是其出類拔萃者。他的代表作有：

讓我們停下來哭泣，

眼前黃沙漫漫無邊；

在戴胡里和豪邁里（戴胡里和豪邁里為地名），

把親人和遺舍懷念。

這如泉的淚珠啊，

雖把我的心懷寬解；

那荒漠的疏疏淺跡，

又怎能把戀人追懷？

這首詩被古阿拉伯人當作創作和審美的標準。他們在形容美時常說：像「讓我們停下哭泣」那樣美。烏姆魯勒·蓋斯描寫自然景物的詩：

夜，

垂下它黑沉的天幕。

像大海洶湧的波濤，

卷帶著無窮的憂思。

它伸開那碩大的身軀，

巨人般壓抑在大地，

考驗著我的耐心和勇氣。

啊，漫漫的夜，

何時能熬到天明 ──

天明的情景，

不會比黑夜更愜意。

描寫女人的詩：

窈窕淑女，深居璇閨。

玉容多姿，秀不可攀。

體態輕盈，肌膚白皙。

素胸如鏡，安適閒散。

　　矇昧時代的阿拉伯人鍾愛豐腴、白皙的女人。因為沙漠裡的女人被乾熱的氣候晒黑了肌膚，辛苦的勞作和單調的食物又使她們瘦骨嶙峋。

　　詩人塔拉法‧本‧阿卜德（543 ～ 569 年）與其情人卡烏拉分手時，作惜別詩如下：

千辛萬苦追尋哈馬德的卡烏拉之家，

看不見倩影，難有美麗裝束閃爍，

與朋友休憩一會，好言相慰：

「勿為悲傷而死，忍耐吧！」

我可愛的戀人，你這小家碧玉，

即使嫁給顯貴人家，

也有如達陀小溪流中的一艘大船。

伊斯蘭教誕生後，對藝術影響很大，阿拉伯詩歌發生了深刻變化，在原初質樸、自然、豪放的詩風中，增添了思想性和道德性。伊斯蘭教賦予詩以尊貴的位置，造就了傑出的詩人。伍麥葉時代，在麥加和麥地那呈現出歌舞昇平的景象，釀就了詩歌創作的氛圍，擁有「一百個公民而有一萬名詩人」之美譽。詩人被看作宣傳家，富人以財富購買讚美，哈里發以祿位或金銀換取詩人對他們行為的稱頌。伊斯蘭國家的每個人，從農夫到哈里發，都喜歡聽誦詩。這時，不僅詩人被分成迷惘的情詩詩人和負有責任感的嚴肅詩人，詩歌的功用也分成普通教育性的或重在宣傳性的。伊斯蘭思想是詩人們選擇美與醜的唯一準則。

伊斯蘭教早期出現了詩歌的幾種吟詠形式：達烏位元、卡那‧卡那、古瑪和伯拉里格。其中卡那‧卡那是用來講述伊斯蘭教訓誡事件，或是說書人用以傳講伊斯蘭教開拓戰爭故事的民間文學體裁；古瑪是齋月期間雞鳴時分呼喊人們封齋的一種曲調。伍麥葉時期，詩歌由沙漠進入宮殿，因而難免矯揉造作，瑣屑、虛偽，浮誇，有失真誠。詩歌對愛情頌揚超過了宗教。女性的美貌是歌詠的第一主題。同時，伍麥葉王朝的詩歌

又具有時代性，即伊斯蘭教生活的題材。在阿拉伯沙漠和聖城中，抒情詩主題格式化，詩人和哲學家們談論著詩以及愛的倫理：韻調、節奏和詞句的扣人心絃。歐瑪爾・伊本・艾比・賴比爾（645 ～ 719 年）有「情詩之王」美譽，他的豔詩寫道：

美麗的臉龐，生就的麗質，

頎長的頸項貼依著水晶耳環，

待向日低首，不勝纖纖，

當陽光灑向麗人及其頭顱，

似金水流溢，光彩照人。

這使我想起旭日的笑容，

劃破夜空，躍出雲層。

天生的麗質，腰肢扭動，

似蛇的步態，搖曳行進。

美哉！為她佩掛的那串項鍊，

應是用丁香和珠玉串引。

滿口溢芳，使我心醉神迷，

問她吧！何以解救這被俘的心？

伍麥葉時代雖然不再出現矇昧時期的沙漠詩人，詩句中淡化了沙漠氣息，但吟詠自然仍是這一時期詩歌的重要題材。詩人以豐富的詞藻、細膩的柔情描寫自然風景，詠嘆宇宙間的千

變萬化，抒發對大自然的真摯熱愛。如祖‧魯瑪（696～735年）描寫沙漠黃昏景象的詩句，就是最好的範例：

> 寧靜的黃昏，有偶爾傳來的回聲與暗色，
>
> 在夜的耳畔低語；
>
> 這聲響來於大自然的深處，裊裊吟唱，
>
> 等待夜和無垠沙漠的相遇；
>
> 在漫天的彩霞裡，夜姍姍地來到，
>
> 拖拽著的裙裾，任晚風吹起；
>
> 彷彿幼發拉底河的波濤，將我們擎舉，
>
> 突然間沙漠上滾滾風塵；
>
> 蔓延的蜃景覆蓋了原先的一切……

祖‧魯瑪的詩中瀰漫著大地的芳香，包含著大自然的聲色光影。在自然詩方面，與祖‧魯瑪風格相似的詩人還有裡卡‧哲利爾、沃法‧哲米勒和努歐曼‧歐曼爾。在詩境中，在情與景的交融上做出突出成就的詩人應屬艾比‧歐姆魯‧本‧阿拉（689～770年），他寫道：

> 她起身後回到溼漉的土地，
>
> 黎明時分，架上的燈光映照著她的裙紋；
>
> ……
>
> 她有著綢緞般的肌膚，

言語時的餘音沁人心脾；

她的雙眼是阿拉造就，

流轉間的光澤潤似醇漿；

她有著閃電般耀人的微笑，

像玲瓏的雛菊剔透香豔。

阿拔斯帝國時期，社會繁榮，文化興盛，波斯人的韻詩、希臘人的思想和邏輯以及各種社會傳統藝術都登上文化舞台，異彩紛呈。伊斯蘭教的審美情趣也由感受女性美轉向更廣闊的領域，如飲酒、自然、男性、光榮乃至阿拉。這一時期的著名詩人有巴格達詩人阿布・努瓦斯、侯賽尼・本・達哈克、艾比・泰馬穆、伊本・魯米、穆太納比、伊本・法里德。其中，伊本・魯米在美學思想上受到艾比・努瓦斯的影響，成為蓋世無雙的大詩人。值得注意的是，此前美曾局限於身體的形態上，而在阿拔斯帝國時代，它的內容擴大到心靈良知、宇宙萬物、真主阿拉，審美趨向由表及裡，直至隱祕的意識深處。巴格達詩人阿布・努瓦斯（757～814年）在表現對存在的感受、戰爭的震撼以及渴望和平生活方面取得很大成就。這位高貴的詩人彈撥著三絃琴以《古蘭經》的韻文體，鏗鏘地吟唱道：

將我們埋葬的是戰爭之父的囂喧，

充盈長者面前的是死亡的誓言，

戰爭爆發戰火蔓延，

永存的是擊戰的痛苦遺骨的淒寒，

弓箭變成我們的雙手射殺了百合鈴蘭，

戰場變為神聖芳香遭到驅趕，

爭戰復歸平息我們孑然一身，

讓青年歡快地凝視死亡犧牲，

他們在擂打戰鼓我們卻彈撥著琴絃，

出於善意修建的騎兵營有弩砲的硝煙，

甜美的蘋果觸到我們的指尖，

狂放不羈的酒是戰爭之源，

它驅策著人們追隨向前。

穆太納比（915～965年）被阿拉伯人認作最傑出的詩人。「穆太納比」意為「預言家」。他生於庫法，在大馬士革求學，因自稱先知被捕。出獄後，在阿勒頗宮中侍奉哈里發，後仍不能為統治者所容，遂流寓四方，遭盜匪襲擊，反抗致死。他以極大的熱情和文辭的技巧抒發感情，描寫戰場的詩，著力表現戰爭的恐怖氣氛，渲染刀光劍影：

羅馬人披甲執戈湧來，

戰馬全裹上了鐵衣；

在疾馳如飛的奔騰中，

已看不清凌空的四蹄。

但見頭盔鎧甲映日生輝，

森林般的劍戟寒光閃爍；

漫山遍野的浩蕩行軍中，

隆隆聲震響了雙子星座。

穆太納比把自己描寫成用劍追擊驚慌的敵人的英雄，

滿座賓朋將會知道，

他們之中我最超群；

沙漠、戰馬、夜色最了解我，

寶劍、長矛、紙張為我作證。

……

在黑暗和廣闊的沙漠中，馬賊認出了我；

劍與矛取代了紙和筆的力量。

伊本・法里德（1181～1234 年）既是詩人，又是伊斯蘭蘇菲派思想家。他自幼與父親出入於官場，後離群索居，曾在穆格塔姆山的弱者谷中與蘇菲派教徒虔修。在麥加的山谷中浪跡 15 年，後回到埃及。伊本・法里德有「情詩之王」美稱，他的詩描述對真主的愛和對真理的追求，採用象徵和隱喻等蘇菲式手法，表達蘇菲派觀念的存在及其意義，讚頌蘇菲派認作萬有根本的真主之愛，以人主統一及自愛終結。伊本・法里德認為，

對主的愛超越物質，是追求一切美的根本的崇高之愛，人要
完全服從和消融於對主的愛之中，與主合而為一就是享受和幸
福。伊本·法里德並不隱諱這種愛的苦痛，「他的開端是相思之
疾，他的終結是致命之痛」，這致命之痛就是施愛者的意志消融
於被愛者的意志中。苦痛的消解在於愛，愛的苦痛就是快樂。
施愛者和被愛者不分彼此。愛和被愛無始無終。他的詩讚頌了
對主的愛和人主合一的醉意精神快感。法里德的詩作《大塔伊
亞》，又名《神祕的程式》，共 760 行。後人對法里德詩的注解分
成文字式和蘇菲式兩派，而拉希德·本·達哈達哈則綜合了兩
派的見解。下面是法里德的詩句：

> 眼的快樂是愛的醇酒，
> 姣好的容貌是那酒盅。
> ……
> 讚著戀人名字，
> 我們捧起了酒杯；
> 當還無釀酒的葡萄時，
> 我們就早已為她陶醉。
> ……
> 愛情的酒澆醉了我的眼虹，
> 酒盅彷彿是我絕代佳人的花容。

不經意地瞥上一眼，

我的心絃怦然為她的懿德在撥動。

……

終結歸於開端，

終結也蘊含前行，

萬有在我看來無遺一覽，

耳聞所聽眼視所見，

如夢初醒覺我非他，

我即是我巋然存在，

我的特性絕無僅有，

我的外表世不二出。

法里德對於藝術和美的看法與蘇菲派相同，即美是阿拉對他的造物的餽贈，而美與藝術的終極即絕對之美就是阿拉本身。法里德以詩句闡明這種觀點：

直截了當地說美，不要有什麼束縛；

凡是美好的事物，都有其美的要素；

看存在依然固我，不同是人的好惡。

法里德善於透過事物的表面現象探究其中的內涵，穿越時間的程式，追尋萬物的起源，由天河的星宿聯想到陸地的塵土，從宏觀到微觀，將所思所見歸攏統一。他認為聽覺也有視

覺的功能，視覺又有觸覺的功能。伊本・法里德反對轉世說和泛神論思想。對於其他宗教，法里德持這樣的態度：

> 為了智慧把敵手聚在一起，
>
> 你會將各式才智擷取。

阿拉伯小說

伊斯蘭教產生以後，隨著阿拉伯帝國版圖的日益擴大，東西交通的漸盛以及與外界文化傳統的接觸，阿拉伯文學遂與波斯文學等外來文學迅速融合，由主觀色彩甚濃的感性文學進化為理性主義文學，形成「阿達卜」（文學）的獨特體裁。所謂「阿達卜」就是離開宗教，尋求純粹的文學形式，以培養優雅的品性和高貴的人格。「阿達卜」在阿拉伯語中有多種含義，最初表示邀請赴宴，後來表示人的霜操高節，再就專指人在詩歌、小說、散文和宗譜學方面的修養。

阿拔斯帝國時期是阿拉伯文學的巔峰時期，出現了《卡里來和笛木乃》。此書源自古印度的《五卷書》，原文是梵文。6 世紀中葉，印度王福爾命人將此書翻譯為波斯法赫裡維亞語。570 年左右，由法赫裡維亞語譯本再譯作古敘利亞語。750 年左右，伊本穆哈法（724 ～ 759 年）將其譯為阿拉伯文。穆格發精通波斯

語與阿拉伯語，是一位散文家，也是一位思想家和政治家。他翻譯的《卡里來和笛木乃》，由於文字優美，被尊崇為阿拉伯最古的散文典範。此書的完成，開創了阿拉伯「阿達卜」的先河。「卡里萊」和「笛木乃」都是狐狸的名字，分別代表善與惡，作為主角，展開了一連串的故事，具有《伊索寓言》的風格。在優美生動的故事情節中，包含深刻的人性哲理。譬如畫眉與大象的故事就是要說明「有才智的人能運用眾人的智慧，獲得千軍萬馬所得不到的成功」。透過故事反映世間人生的艱辛、苦難，揭露卑劣、權謀、背叛、貪婪、暴虐等黑暗面。在表現手法方面，此書充滿矛盾衝突等戲劇要素，情節扣人心絃，矛盾不斷發展，很多章節以悲劇告終。穆格發說過：「倘使話語變成格言，邏輯就更清晰，內容就更明白，聽起來就更優美，讀者就更廣泛。」《卡里來和笛木乃》正是依照這一主旨寫成，借動物之口說出妙語連珠，傳播哲理和教誨。「睿智者為其智而讀它，嬉樂者為其嬉而讀它」。在《卡里來和笛木乃》以後，印度和波斯的故事不斷被引入阿拉伯文學。

《卡里來和笛木乃》之後，又出現了查希茲（775～868年）的《動物誌》和《吝嗇人傳》。後者描寫了當時的市井生活，諷刺了社會醜惡現象，人物栩栩如生，情節趣味盎然。

《一千零一夜》（或稱《天方夜譚》）是阿拉伯文學鉅著，講述最具趣味的民俗故事，曾翻譯成多國語言，一些故事被改編

為戲劇、電影。這部作品之所以在世界各地廣受歡迎，是因其情節生動，故事曲折，對人類情感有深刻的智性詮釋。《一千零一夜》中故事套故事的結構，是其一大藝術特色。環環相扣，跌宕起浮，抓住讀者的心絃。故事內容層層展開，巧設矛盾衝突，欲言又止。《一千零一夜》吸收了《卡里來和笛木乃》的部分故事，以及希臘神話、印度和波斯文學。其中的人物，男性有國王、大臣、盜賊、潑皮、懶漢、俠士、商人、工匠、自負者、老實人等，女性有戀人、陰謀家、私通者、騙子、女奴、本分人等。

《一千零一夜》的故事，通常認為應分作三部分：第一是講述印度、波斯這兩個地區的故事的，約 8 世紀時被譯為阿拉伯文；第二是狀寫阿拔斯首都巴格達的風情的。作者不僅具象地映現出巴格達的繁榮，更賦予其創意和想像；第三是描繪 14～15 世紀埃及的生活的。這一時期，埃及作家對《一千零一夜》的前兩部分進行了修改、補充。據此，有人以為《一千零一夜》是反映中世紀埃及社會的一幅風景畫。

《一千零一夜》以寫實的手法記述了中世紀埃及的市井生活，包括商人的冒險、工人的勞作、能人的軼事等。對盛大的慶典活動、結婚儀式、祝賀新生與避邪祭祀等，都有詳盡生動的描述。對當時的人際關係，如家族成員間的關係、父子關係、君臣關係等也有不少闡述。總之，《一千零一夜》可謂古代

埃及生活的百科全書。

不過，《一千零一夜》的故事不僅限於埃及地域，更遠到如中國等異域他方。書中人物往往借商賈旅行，雲遊天涯，對各國景物、人情的描寫栩栩如生。主角除了從事街市交易，還探險尋幽、會見要人、談情說愛、結婚育子，書中的神話、童話般的喻世故事中，還富含令人警醒的詩歌、成語名言。它所營造的神幻境界及其神幻物如飛毯、神燈、所羅門魔瓶等，成為後世文學創作的資料來源。

《一千零一夜》的始作者，至今眾說紛紜。多數學者認為，此書並非同一時期在同一國家寫成，而是多人數代、長期累積擴充，終成今日的長篇鉅作。《一千零一夜》的作者非常同情弱者和社會下層民眾，憎惡高官巨賈，鞭撻強取豪奪和窮奢極欲，褒揚誠懇忠實和清苦恬淡。作者常為窮人構思知恩必報的救星，因果報應，情節極富人情味，感人肺腑。

在《古蘭經》、《一千零一夜》和《卡里來和笛木乃》後，最受穆斯林歡迎的是「瑪卡梅」。「瑪卡梅」意為「集會」，也就是在眾人聚集之處「講述」文學，後定型為韻文體故事，是阿拉伯早期古典小說。內容有趣，琅琅上口，很多作家著有「瑪卡梅」文學。在伊朗出生的白迪阿‧哈姆宰尼（969～1000 年）為其鼻祖，他早年背井離鄉到各地遊歷，有「即興詩人」之稱。後編成一套 52 篇的「瑪卡梅」。主角阿布‧法特哈傳奇式的事蹟，由

「拉維」（專門講故事的人）以巧妙諧趣的語言暢談。《魯薩法瑪卡梅故事》講述主角途經一座清真寺，裡面一群人在祈禱之餘，談起了盜賊的本領，一共列舉了 70 餘種盜竊的手法。主角慨嘆：「這是一個凶險的時代，像你看到的那樣殘暴；智慧受到詛咒和非難，愚昧反倒成了時髦；金錢像一個巨大魔影，營營之徒圍繞它歡跳。」

　　阿拔斯帝國在 10 世紀後半期沒落後，「瑪卡梅」受到處於亂世而無精神寄託的民眾的歡迎，被推崇為「時代文學」。活躍於文壇的哈里里（1054 ～ 1122 年）所著的瑪卡梅，模仿白迪阿，但有獨到之處，因其青年時在巴格達修習過文學與法學，故在文法方面造詣很深。他的 50 篇瑪卡梅，名為《阿布扎德言行錄》，可稱「騙子言行錄」，講述主角以三寸不爛之舌，招搖天下的事蹟，其筆法華麗考究，細膩入微，被認作瑪卡梅的頂峰之作，在阿拉伯文學史上具有很高地位。它以押韻的阿拉伯散文述說迷人的無賴阿布・宰義德的冒險故事，主角以親切的幽默、聰明和誘人的哲理，使其鬼把戲、罪惡和對神祇的不敬得到了寬恕。在阿拔斯帝國中後期，社會動盪不寧，大量釋奴因生活所迫，走上了偷盜、行騙和搶劫之道，訛詐之風盛行。哈里里的瑪卡梅就反映了這種社會現象：「不要聽那些在美麗的玫瑰花盛開時，卻阻止你採摘的傻子的話；繼續追求你的目標，雖然它似乎超過你的力量；隨便他們去說吧，把握住你的幸福

並祝福它。」

　　阿拉伯 —— 伊斯蘭文學如同其文明一樣，對中世紀的歐洲和文藝復興的影響幾乎是難以估量的。這種影響有的一直延續至今。1704 年法國人迦蘭翻譯了《一千零一夜》，隨即傳遍歐洲。「中世紀法蘭西的行吟詩和其他愛情詩的代表作在一定程度上受益於撒拉遜人（阿拉伯人）的作品。薄伽丘的《十日談》（1350 年）和喬叟的《坎特伯雷故事集》（1400 年）中收了《一千零一夜》的一些故事。」拉伯雷（1494 ～ 1553 年）的《巨人傳》和莎士比亞（1564 ～ 1616 年）的某些作品，也可能受到《一千零一夜》的啟迪。

《卡里來和笛木乃》

　　阿拔斯帝國是阿拉伯文學的巔峰時期，著名寓言事集《卡里來和笛木乃》就是這一時期的力作。它的成書的時間比《一千零一夜》的手抄本在民間流傳的年代還略微早一些。《一千零一夜》和《卡里來和笛木乃》兩者最明顯的差別是，前者是在阿拉伯伊斯蘭社會中孕育而成的一部民間故事集，而後者卻是一部源出印度、加進了波斯和阿拉伯故事成分的翻譯作品。《卡里來和笛木乃》本源自古印度的《五卷書》，原文是梵文。6 世紀時，印度王福爾下令將其翻譯成波斯的巴列維文，而後又譯成了古

敘利亞語，到阿拔斯帝國，由伊本穆哈法（724～759年）將其譯成阿拉伯文，並有所刪節和增加。因此，如果我們拿目前通行的《五卷書》和《卡里來和笛木乃》作一比較，就會發現，兩者的差距甚大，《五卷書》中有許多故事在《卡里來和笛木乃》中是沒有的，而《卡里來和笛木乃》中有不少故事在《五卷書》中也找不到。

據學者們研究，古本《五卷書》譯成巴列維文時就已是不完全忠實於原文，而是吸收了古代印度的其他故事；同時，譯者在翻譯過程中又進行了增刪，加進了一些波斯故事。阿拉伯文譯者伊本穆哈法在翻譯過程中，再次進行了大膽地增刪和改造。他不但對故事的編排和行文作了較大的變動，而且增加了新的章節和他個人的許多論說。因此，經過伊本·穆格法重新編排的《卡里來和笛木乃》，其核心雖然仍是《五卷書》的故事，但它已不僅僅是《五卷書》簡單的譯本了，而是作者在汲取《五卷書》故事精華的基礎上，重新創作的一部譯、著並重的寓言故事集。成形後的《卡里來和笛木乃》行文流暢，文字優美，寓意深刻，被認為阿拉伯最古老的散文典範。

《卡里來和笛木乃》是一部集豐富內容和深刻寓意於一身的寓言故事集，共有大小故事共68個。它的每個故事都具深刻寓意或是為了說明某個經驗教訓，或比喻某個哲理思想，或宣揚某個道德規範。

　　「卡里來」和「笛木乃」都是狐狸的名字，分別代表善與惡，《卡里來和笛木乃》一書就是以這兩隻狐狸為主角，展開了一連串精彩動人的故事。《卡里來和笛木乃》分緒論和正文兩大部分，共 20 章。緒論部分包括《白哈努德·伊本·撒哈旺的序言》、《白爾才外出使印度》、《白爾才外傳》和《伊本穆哈法的序言》等 4 章；正文部分，包括《獅子和黃牛》、《笛木乃的審訊》、《白拉士、伊拉士和玉蘭皇后》、《鴿子、狐狸和白鶴》等 16 章。其中正文部分的《笛木乃的審訊》、《教士和客人》和《鴿子、狐狸和白鶴》等 3 章則是伊本穆哈法的原創。

　　伊本穆哈法原籍波斯，是阿拉伯文學史上一位著名的散文家、翻譯家和改良社會的思想家和政治家。他的主要活動時期正值伍麥葉王朝和阿拔斯帝國交替的動盪時期。伊本穆哈法自幼聰穎好學，隨父學習波斯文化，並信奉祆教。長大後又到名人學士薈萃的文化中心 —— 巴斯拉求學。在他二十來歲時，已成為一名頗有名望的、波斯和阿拉伯兩種文化貫通的青年學者。他的才能深得王公貴族和行省長官的賞識，紛紛邀他去擔任官署的幕僚或總督的文字祕書。這些工作使伊本穆哈法有比一般人更多的機會去接觸統治階級的上層人物，並了解官場的黑暗勢力及其勾心鬥角的微妙關係。無疑，這些生動現實的感性材料，對伊本穆哈法的思想發展和創作生涯曾產生過重大的影響。

　　750 年，伊本穆哈法 26 歲時，經歷了阿拔斯家族推翻奧瑪亞王朝的政治動亂。阿拔斯帝國第二任哈里發曼蘇爾剛愎自用、唯我獨尊，他的獨斷專橫、橫徵暴斂的政策引起了伊本穆哈法的強烈不滿。他立志為改革社會的不合理現象而奮鬥。他企圖透過文學手段扭轉社會的風氣，陶冶人們的情操，進一步改善人與人之間的關係，從而實現他所嚮往的理想社會。為了能達到上述目的，伊本穆哈法除了翻譯大量古代波斯和希臘的哲學、文學和歷史名著外，自己也著述創作，來闡明自己對改良社會的觀點。

　　根據伊本穆哈法所處的時代，以及他的文化修養、思想觀念和文學活動，我們可以看出：伊本穆哈法從事《卡里來和笛木乃》的譯著決不是出於偶然的機緣，而是他思想和創作活動的自然延續和發展。無疑，在他心目中，《卡里來和笛木乃》是一部規勸哈里發和教育老百姓的理想作品。而事實上也正是如此，《卡里來和笛木乃》是一部充滿道德教育和哲理思想的寓言故事集。其宗旨是：勸誡帝王，使其懂得廉潔自持，體恤下情；教導百姓學會奮發自強、避凶趨吉。

　　《笛木乃的審訊》是伊本穆哈法獨立完成的一章。這一章主要是講狐狸笛木乃讒害黃牛的陰謀敗露後被捕受審的過程。在經過了十分曲折的調查和審訊後，在老虎和豹子兩個人證面前，笛木乃被依法判處了死刑。這一章講的是伊本穆哈法關注

阿拔斯帝國的司法制度，力求敦促哈里發改革司法制度，極具現實意義的故事。在《笛木乃的審訊》中，作者成功地運用了文學體裁——寓言故事——形象地表達了自己對改革司法制度的觀點。

《笛木乃的審訊》是伊木·穆格發安排在《卡里來和笛木乃》中一篇用心良苦的作品，它既充分表達了作者的司法觀點，以此來告誡哈里發革新司法制度的必要性；同時又巧妙地透過藝術手法，使它和首章《獅子和黃牛》的情節緊密連繫，天衣無縫，成為有頭有尾的一個整體故事。

《白拉士、伊拉士和玉蘭皇后》一章中出現的兩則小故事——一對鴿子的故事和猴子挑選豆的故事，寓意深刻，耐人尋味。

關於這一章，還有這樣一個故事：玉蘭皇后和伊拉士宰相幫助白拉士國土識破了波羅門的陰謀，避免了一場大禍。一天，玉蘭皇后因瑣事得罪了國王，國王大怒，命宰相處死皇后。宰相深知皇后賢淑，沒有執行國王的命令，而是把皇后藏在自己家中。沒過多久，國王果然記起了皇后的美德，對她非常懷念。於是，宰相對國王講了下面的兩則小故事。宰相說，一對恩愛的鴿子在巢裡裝滿了麥子準備過冬。巢裡的麥子逐漸乾了。雄鴿在外幾天回來後見麥子少了，就責怪雌鴿吃了過冬的麥子。任憑雌鴿百般解釋，雄鴿就是不信，最後竟把雌鴿活

活啄死。到了冬天，麥子因下雨受潮膨脹，恢復如初，仍是滿滿的一巢。此時，雄鴿才知道冤枉了雌鴿，非常後悔，但一切為時已晚。雄鴿獨自守候在雌鴿的墓旁，懺悔自己的魯莽，不食不飲，悲痛而死。

宰相最後說道：「明達的人，凡事必定三思而後行，尤其是有可能後悔的事，更應該反覆思考。」

接著宰相又講了另一則故事：有一個人頭上頂了一籃豆子上山，在樹上的猴子趁機偷了一把豆子。猴子在上樹的時候，一不小心，落了一顆在地上，於是猴子又捧著所有的豆子下樹來找。結果，非但沒有找回那一顆失落的豆子，反而把手捧的一把豆子也通通丟失了。這個故事是告誡人們，不要拘泥於小事，結果往往會因小失大。

《卡里來和笛木乃》的故事內容涉及的面非常廣，所論述的某些治世處事、待人接物的基本觀點，就是在今天看來仍有一定的借鑑作用。

《卡里來和笛木乃》是伊木·穆格發的代表作。他對該書的譯、著傾注了全部熱情，皇天不負有心人，終於使這部作品在思想內容和藝術手法兩方面都很值得稱道，深受廣大群眾的歡迎。《卡里來和笛木乃》對世界文壇的影響也是舉足輕重的，尤其是對古印度文學更是功不可沒。《卡里來和笛木乃》的問世，

使古代印度的《五卷書》以一種新的面貌出現於世界文壇，並得以在世界各國更廣泛的流傳。《卡里來和笛木乃》是阿拉伯文學史上的一枝奇葩，它不僅開創了阿拉伯「阿達卜」的先河，而且以清新雋永、流暢通俗的筆觸為中世紀阿拉伯散文的發展開創了一代新風。

《一千零一夜》

《一千零一夜》又名《天方夜譚》，是一部家喻戶曉的世界文學名著。它是中世紀阿拉伯伊斯蘭帝國境內廣大市井藝人和文人學士透過幾百年的漫長歲月，在民間說唱表述，在案頭加工潤色，用阿拉伯文撰寫編纂而成的一部反映中世紀的阿拉伯帝國社會風貌的大型民間故事集。《一千零一夜》以寫實的手法記述了中世紀埃及的市井生活，包括商人的冒險、工人的勞作、能人的軼事等；對盛大的慶典活動、結婚儀式、祝賀新生與避邪祭禮等，都有詳盡的描述；對當時的人際關係也有不少闡述。總之，《一千零一夜》可謂古埃及人們生活的百科全書。

西元 8 世紀中葉，阿拉伯帝國最後形成，帝國的統治機構和律法制度日臻完備。它的版圖，東起印度河流域，西臨大西洋，成為地跨歐、亞、非三洲的伊斯蘭教大帝國。由於國家幅員廣大，出於統治的需要，許多阿拉伯穆斯林遷居各個新征服

的行省，致使當地的民族成分、宗教信仰和文化教育都發生了重大變化；尤其是阿拉伯語和伊斯蘭教在新開闢的行省廣泛傳播，並被法定為帝國的官方語言和國教。8世紀中葉至9世紀中葉，是阿拉伯帝國政治、經濟和文化發展的鼎盛時期。大規模的向外擴張戰爭停止了，國內出現了一個相對的和平時期，人民得到了一個暫時的休養生息的時機。隨著經濟的發展，文化藝術活動也空前地繁榮起來。被阿拉伯人征服的埃及、敘利亞、兩河流域和波斯等地，原先都是古代文化高度發展的地區。阿拉伯民族固有的文化受了被征服地區傳統文化的影響，又吸收了希臘和印度等古典文化的精髓，並使之逐漸融會貫通，終於創造出了中世紀燦爛的阿拉伯 ── 伊斯蘭文化。《一千零一夜》就是在這樣的歷史條件下，在阿拉伯 ── 伊斯蘭文化的沃土中孕育而成的。因此，它是中世紀阿拉伯帝國境內各族人民共同創造、培育的一枝奇葩，也是新興的阿拉伯 ── 伊斯蘭文化結出的豐碩成果之一。

《一千零一夜》的基礎是古老的波斯語故事集《赫扎爾－艾福薩那》，意為「一千個神話故事」，這部波斯故事集大部分是波斯和印度故事。10世紀前期，阿拉伯文學家哲海什雅裡以這部故事集為藍本，補充了從民間蒐集到的一些故事，在伊拉克寫成了《一千零一夜》的初稿，提供了一千個故事的主要情節和男女主角的名字。《一千零一夜》插圖 ── 山魯佐德跟國王講故

事以後，這部故事集的分量不斷增加，還新添了許多印度、希臘、猶太、埃及、中國等國家和民族的故事，直到 16 世紀初這部文學名著才在埃及定型。但版本繁雜，不同版本的《一千零一夜》所收的故事也多寡不一，一般含 200 多個，最多的版本收有 264 個故事。

　　《一千零一夜》在寫作手法上十分靈活，有些故事短小精悍，有些故事篇幅較長，在較長的故事裡又包含著較短的故事，而較短的故事裡還有故事。這些故事一般極富人生哲理，讀後令人回味無窮。《一千零一夜》故事涉及面極為廣泛，內容相當豐富，彷彿一個社會大觀園。《一千零一夜》以其廣闊的題材，灑脫多變的藝術手法生動地描繪了一幅中世紀阿拉伯帝國社會生活的畫面。它充滿了濃烈的生活氣息，從各個不同的側面反映了各階層人民群眾的喜怒哀樂、風俗人情、倫理道德和言辭品行等。《一千零一夜》的體裁多種多樣。其中有志怪傳奇、神話寓言、民間傳說、逸聞軼事、歷史典故、幽默笑話和格言諺語等。《一千零一夜》的內容豐富多彩。其中有描寫航海歷險，反映大智大勇的故事；有描寫巧計殺敵，反映見義勇為的故事；有描寫男女情愛，反映忠貞不渝的故事；有描寫呼風喚雨，反映驅魔鬥法的故事；有描寫逢凶化吉，反映善有善報的故事；有描寫作繭自縛，反映惡有惡報的故事；有描寫哈里發私行察訪，反映體察民情的故事，等等。《一千零一夜》涉

及的人物也是三教九流應有盡有。上至帝王將相、才子佳人，下至商賈僧侶、漁翁農夫、裁縫鞋匠、廚師腳伕、洗染師傅、歌伎舞女、童僕奴婢等等，此外，還有天仙、精靈和魔鬼。但是，在廣闊的神奇舞台上，不管變幻多麼錯綜複雜，卻萬變不離其宗：刻意表現勞苦大眾愛憎分明、純樸善良、勤勞勇敢的本質和他們追求美滿生活的強烈願望。這就是《一千零一夜》思想內容的基點。

《神燈記（阿拉丁神燈）》講的是一個有關裁縫的兒子的故事。他本來生活十分貧困，後來得到了神燈，被招為駙馬，住在巍峨的宮殿裡，但他並沒有忘記窮苦的老百姓，經常賙濟他們。當神燈連同公主和宮殿通通被可惡的魔術師奪走後，國王一怒之下要把他處死，但被他接濟過的老百姓爭先恐後地前來為他說情。最後，他歷盡艱難險阻終於打敗了魔術師，救出了公主，重新奪回了神燈和宮殿。

《阿里巴巴和四十大盜》的主角阿里巴巴是個一貧如洗的樵夫，但他忠厚老實，心地善良。一天，他在砍柴的路上，意外發現了強盜的寶庫，從中獲得了大批財寶，但他並未全部據為己有。當強盜們得知阿里巴巴已發現了他們的寶庫祕密，就企圖透過私訪來謀害他。虧得聰明、機智、勇敢的女僕美加娜的幫助，阿里巴巴才免遭強盜的毒手。美加娜機敏設計，先後三次挫敗了強盜們的陰謀，最後把 40 個強盜全部殺死。阿里巴巴

欣喜萬分，把寶庫中的一半財物送給了美加娜，並把她許配給了自己的姪兒。

《補鞋匠邁爾魯夫》是一個以故事的主角名字命名的一則故事。故事的主角邁爾魯夫是一個補鞋匠，因為太窮而被妻子攆出了家。幸運的邁爾魯夫因得到了魔戒而當上了國王，但他沒有忘記他在落難時曾幫助過他的一位農民。他把這位農民請來當他的宰相，而且還娶了他的女兒，冊封為後。

在《一千零一夜》中，類似上述的故事還有不少。它們的主角大都是一些社會地位低下，受人欺壓凌辱的勞苦大眾，但是他們個個都有純樸善良，剛毅正直的品格。正是這些高尚的品質，善良的願望和鮮明的是非標準，使各個不同時代，不同地區的廣大人民對這部文學鉅著傾心有加。因此，《一千零一夜》中的許多故事，儘管情節非常簡單，但是它們的思想情趣卻始終動人心絃，至今依然引起讀者們的巨大共鳴。這或許就是《一千零一夜》生命力經久不衰的奧祕所在！

在《一千零一夜》中還有不少故事以辛辣的筆觸揭露了中世紀阿拉伯社會的黑暗和不平，反映了廣大群眾的疾苦和他們對於現實的不滿情緒，這些，無疑是這本故事集深刻的現實主義描寫的重要方面。

在暴露社會的黑暗和不平的現實主義描寫方面，《一千零一

夜》並不是僅僅停留在反映廣大人民群眾的疾苦和對現實生活不滿的基礎上，而是把矛頭指向了帝國的最高統治者——哈里發，對他們的昏庸無道，荒淫無恥，專橫跋扈做了較深刻的揭露和鞭撻。

《一千零一夜》作為中世紀時期的一本民間故事集，能一針見血地揭露帝王的醜惡本性，並能進行辛辣的嘲諷，在當時來說這是十分難能可貴的，就是現在看來，也需要有足夠的勇氣。而正是這些精彩的部分給人們留下了深刻的印象，直到今天，在阿拉伯國家的人民中間，對那些玩世不恭，專橫跋扈的人，常常喜歡用這樣一句話來譴責他們：「依舊過著《一千零一夜》中的生活！」

《一千零一夜》自問世以來，始終受到阿拉伯人民和世界各族人民的推重。

在宣揚伊斯蘭精神的大前提下，《一千零一夜》以樸素的現實主義與浪漫主義相結合的創作手法，向世人展現了獨特的魅力。它曾被高爾基譽為民間口頭創作中「最壯麗的一座紀念碑」，真是名至實歸。

浪漫主義的表現方法，豐富多彩的幻想和近乎荒誕的誇張是《一千零一夜》最明顯的藝術特色。如《神燈記》中的神燈和魔戒，《烏木馬的故事》中的飛馬，《辛巴達歷險記》中的神鷹

蛋和磁石山等等，都是具有濃郁的浪漫色彩和非凡的想像力的產物。

　　故事套故事，這是《一千零一夜》的又一重要藝術特色。許多故事，眼見已到尾聲，突然節外生枝，跑出一個新人來，於是又引出另一個故事。如《商人和魔鬼的故事》，眼見商人馬上要被魔鬼殺死，故事到此就該結束了，但突然間跑出三個老人來，接著又開始了《第一個老人和羚羊的故事》、《第二個老人和獵犬的故事》和《第三個老人和騾子的故事》。把題材類似的故事組合起來，使小故事變成「大」故事，這是民間口頭文學的特點之一，如此也有助於提高聽眾的興趣，可謂一舉兩得。

　　詩文並茂，相得益彰是《一千零一夜》創作上的第三個特色。這個特色是在繼承阿拉伯古典文學傳統基礎上的創新。這本故事集在敘事寫景方面以通俗易懂的白話文為主，同時又輔以故事人物的吟歌和吟詩來進一步突出主題思想。《一千零一夜》所包含的 1,200 多首（或節）詩歌，大多是音韻整齊，生動流暢的抒情詩。直到現在這些膾炙人口的詩歌仍在民間傳誦，有些詩歌甚至已成為阿拉伯歌曲的歌詞在群眾中廣泛流傳而深得大家的喜愛。

　　《一千零一夜》獨特對西方各國的文學、音樂、戲劇、繪畫等文藝領域曾發生過較大的影響。如義大利薄伽丘的《十日談》、法國萊辛的詩劇《智者納坦》、西班牙塞萬提斯的《唐吉訶

德》等名著，在取材和寫作風格上都或多或少、直接或間接地受到過《一千零一夜》的影響。《一千零一夜》獨特的藝術魅力和它通俗易懂的特點，使它得以在全世界廣泛流傳，深受歡迎，不愧是一部具有世界性意義的阿拉伯名著。

天才詩人穆太奈比

西元 10 世紀初，阿拔斯帝國正一步步走向衰弱。王公貴族們橫徵暴斂，窮奢極侈；平民百姓則貧寒困苦，無以為生。伊斯蘭教派別林立，地方政權群雄割據。哈里發則疏於執政，只剩下簽發公文、冊封爵位和接受貢奉這少許「政務」了。在巴格達表面的繁榮下，卻隱藏著許多危機。

穆太奈比原名阿布爾 - 泰伊伯·阿馬德·伊本·胡賽因（915 ～ 965 年），出生於伊拉克庫法城附近的肯達地區，父親以賣水為生，家境貧寒。穆太奈比從小就非常聰明，父親便將他送進私塾讀書。925 年，穆太奈比 10 歲時被送到與敘利亞地區毗鄰的薩瑪瓦沙漠，讓他在帳篷中和貝都因人一起生活，學習他們純正的語言，感受他們樸實的民風。

928 年年底，父親帶他去巴格達。這位 14 歲的少年，趁機讀遍了巴格達所有書店的藏書。穆太奈比參加了著名詩人學者的集會，自己也開始了詩歌創作。面對自己拮据的處境和百姓

貧困的生活，他的處女作中已表現出對命運和人生的怨怒和矜持自負的叛逆精神。

933 年，他在敘利亞海濱城市安塔基亞接觸了伊斯蘭教卡爾馬特派的主張，又去薩瑪瓦沙漠貝都因人那裡進行宣傳，號召人們起來反抗。由於他自稱能預言未來，並按《古蘭經》的句式向人們作類似「以巡行的星星起誓，以運轉的天體起誓，以白晝與黑夜起誓，背道者確已處於險境……」這類警句，所以人們都稱他為「穆太奈比」，即「自封的先知」。

西元 937 ～ 947 年 10 年間，穆太奈比一直是在到處流浪，以吟詩為生的歲月中度過，也隨之有人稱之為行吟詩人。948 年當他又返回安塔基亞時，機會來了。那年，在敘利亞阿勒頗劃地為王的賽福道萊（915 ～ 965 年）也來到了安塔基亞，見到受人推薦的穆太奈比，聽了他對自己的讚頌，大為賞識，於是把穆太奈比帶回了阿勒頗王宮，讓他與雲集宮中的許多文人墨客一起陪侍在自己左右。

由於穆太奈比不僅善詩，而且勇猛善戰，曾數度隨賽福道萊參加抗擊拜占廷人的戰爭，並以熱情奔放的詩句頌揚賽福道萊的英勇業績，所以深受這位阿勒頗王的寵信，他詩歌的聲譽也隨之傳遍全國。這令其他詩人們嫉妒不已，而穆太奈比對他們回以輕慢的態度。因為穆太奈比的傲視眾人，連同時代的詩人、賽福道萊的堂兄阿布·費拉斯（932 ～ 968 年）也看不慣了。

他對賽福道萊道：「這個信口開河的人也過於想在你面前賣弄了吧！你每年給他 3,000 金幣，只換來他 3 首頌詩。若給 20 位詩人每人 200 金幣，他們會為你吟出比他更好的詩來呢！」如此一來，賽福道萊漸漸對穆太奈比疏遠起來。一次，在賽福道萊與一班詩人學者舉行的宮廷聚會中，語言學家伊本・哈勒維（？～980 年）與穆太奈比突發爭執，語言學家撲向詩人，用隨身帶著的一串鑰匙去擊打他的額頭，弄得詩人頭破血流，十分狼狽。見自己孤立無援，詩人便悻悻離開了王宮，心中充滿了忿懣和對失去天堂的哀傷。

穆太奈比繞道大馬士革，趕赴巴勒斯坦的拉姆拉。在那裡接到埃及素丹卡夫爾（？～967 年）的邀請，便於 960 年到達當時埃及的首府福斯塔特，為卡夫爾撰寫頌歌。因卡夫爾始終未兌現給他權力的許諾，所以詩人於 962 年 1 月離開了埃及，在伊拉克的巴格達逗留了一段時間。在那裡，他對一些語言學家們講解自己的詩歌，由他們進一步在伊拉克傳揚。

965 年 2 月，穆太奈比赴波斯為布威希王朝的宰相伊本・阿密德撰寫頌詩。同年 5 年，應該王朝蘇丹阿達德道萊之邀前往設拉子，寫詩讚頌這位蘇丹。由於思念故鄉，於 965 年 8 月辭別蘇丹。9 月，在返歸巴格達的途中遇害身亡，結束了詩人不同尋常的一生。

穆太奈比一生留下一部詩集，內容主要包括讚頌、諷喻、

矜誇、詠志等方面。語言精美，氣勢磅礴，感情真摯，常不乏名言警句，多被修辭學著作引為例證。在當時和後代均享有盛譽，對阿拉伯文壇產生了極大影響。詩人有許多這類深含哲理的詩句，被後人用做格言。如：

白鸞，向騎士和駿馬召喚，

雖駿馬，到此恐也會止步不前。

清晨漫步，露水由枝頭拋散，

似銀珠，將馬鬃綴遍。

枝葉為我把烈日遮掩，

卻又透射出光明無限。

朝陽向衣襟投下許多金幣，

又紛紛遁出我指間。

枝頭掛果，已顯出漿汁飽滿，

似無杯之水，凝結枝端。

溪流淙淙，擊拍石卵，

如銀鐲叮噹，發自秀女玉腕……

　　穆太奈比的詩中，充斥著這類優美的描寫和極富想像力的比喻。西元 11 世紀的文學評論家伊本・拉希格（？～ 1050 年）說：「穆太奈比一出現，便激動人心，享譽世間。」

　　阿拔斯帝國著名的文史、語言學家賽阿利比（961 ～ 1038

年）在他的名著《當代詩人珍品》一書中這樣評價穆太奈比：

「求知者們坐在一起從他的詩中吸取滋養，歡娛者們聚集一堂用他的詩句高聲歌唱，演說者們引用他的名句來演講，作家和評論家也都在鑽研他的詩章。出現了許多對他的詩篇進行注解和釋疑的著作，也出現了許多敬仰、熱愛、溫和、刻薄、詆譭、中肯等種種態度各異的評論家。但一般來說，只有對名揚天下之人，評論家們才會給予這等關注！」

散文作家賈希茲

賈希茲（約 775～868 年）原名阿布・歐斯曼・阿姆魯・伊本・巴哈爾・基納尼・巴里，是黑人釋奴的後代，家境貧寒。自幼喪父，以賣麵餅和烤魚為生。但他天資聰穎，又十分好學，常去清真寺裡聽長老學者們講授學問，還結識了許多外地的客商及水手、漁夫等下層百姓，吸取了來自民間的許多知識，聽到了許多有趣的海外奇談，體會到了許多民間的疾苦，為他以後的創作打下了堅實的基礎。為進一步提升自己的文化知識水準，他隻身來到巴格達求教於一些著名學者的門下，向他們學習哲學、教義學、語言學、文學、醫學及其他自然科學。經過幾番刻苦鑽研，賈希茲終於成了一位博學多才的學者。

賈希茲得名於「賈希茲」是因為他長得頗為醜陋，膚色黝

黑，身材矮小，雙眼鼓突，故人稱「賈希茲」，意為「金魚眼」。既便如此，他卻從不在意，還十分幽默地專為自己的相貌編了一個故事：「一天，我正在門前站著，一陌生女子過來說：『跟我走一趟吧！』莫名的我隨她來到一位猶太工匠那裡，只聽她對工匠說：『就這模樣！』說完就走了。我向工匠探問究竟，工匠道：『那女子拿來一塊寶石，叫我在上面刻個惡魔的畫像。我說：夫人，我可從未見過魔鬼啊！於是，她便把你給帶來了……』」

醜陋的相貌並未掩蓋他博學的名聲，當阿拔斯朝第七任哈里發麥蒙（813～833 年在位）得知賈希茲的才學後，立即將他召進王宮，並任命他為宮廷錄事，讓他參與起草王朝的律法等重要事宜。不過一向為人正直的賈希茲在宮中才做了 3 天，便自動離開了王宮。他想：「這些人錦衣華服，油嘴滑舌，卑躬屈膝，唯唯諾諾，全是利慾薰心之輩。他們怕君威，怕懲罰，怕變故，所以才如此謹小慎微，悉心侍奉呢！」

還有一件事能看出賈希茲的秉性十分耿直。一次，有人請他幫忙寫封推薦信。賈希茲也沒推辭，於是不加思索地寫了幾句。不想那人走出門外，拆開一看，內容是：「如你滿足他的願望，我不誇獎；如你拒絕他的要求，我不責備。」那人非常氣憤，立即返身回來找他。賈希茲卻若無其事地對他道：「這些話，對你無損。我關注一個人時，總如此說。」那人也不示弱潑口便罵：「願真主詛咒你，斷你四肢！」賈希茲道：「怎麼這樣

說話？」那人現學現賣，隨即用賈希茲的口氣道：「我感謝一個人時，總如此說！」

據傳，賈希茲一生著述多達530種，其中涉及的內容非常廣泛，有哲學、宗教、文學等領域，但大多散佚。傳世的主要作品有《動物誌》七卷、《修辭達意》四卷、《吝人趣話》等名著，另有通訊集四卷。

《動物誌》一書主要是對各種動物特性、分布地域的狀況作了一些描述，其中穿插了許多格言、傳說、寓言、故事和一些典故。全書內容別緻新穎，充滿哲理，書中對早期阿拉伯社會生活的狀況也有詳細論述。

《修辭達意》是阿拉伯文學評論和修辭學方面的重要著作，它透過對古代文學作品、演說辭及《古蘭經》經文從語言上進行的詳盡分析，闡述了作者所認為的修辭標準、特色與方法。

在賈希茲創作《動物誌》時正處於阿拔斯帝國政權更迭十分頻繁的年代，但幸運的是相繼擔任第八任哈里發穆阿台綏姆（833～842年在位）及第九任哈里發瓦西格（842～847年在位）的宰相伊本・齊亞特・因都是文學家，所以對賈希茲十分賞識。宰相得到了賈希茲的那部《動物誌》，便賞給他5,000金幣。賈希茲拿了這筆錢，到敘利亞的大馬士革和安塔基亞去遊歷了一番，可能還到了埃及。這次遠遊對賈希茲來說意義重要，為他以後的創作增添了閱歷，擴大了他以後創作想像的天空。

也就是說，賈希茲在西元 835 ～ 847 年這 12 年間，雖再未去宮廷任職，卻依然得到官府的賞識和資助。但到 847 年時，阿拔斯朝的第十位哈里發穆台瓦基勒（847 ～ 861 年在位）執政掌權。他所寵信的大法官杜阿德殺害了自己的對頭前宰相伊本‧齊亞特，賈希茲也因為同前宰相關係密切受到了牽連。只是由於他的聲望和為自己所作的幽默辯護才保住了性命，非但如此，當賈希茲又將《修辭達意》一書交出時，杜阿德心滿意足，也贈他 5,000 金幣，以示自己和前宰相一樣禮賢下士。

此時賈希茲決意遠離官場，又因病癱瘓，便拖著半身不遂的病體回到了家鄉巴斯拉，並打算用餘生專於著作。他對子孫們說：「我現在生活之願望有三：罵吝鬼、啃肉乾、抓癬癢。」所謂「罵吝鬼」，便是指他開始潛心寫作《吝人趣話》了，這一書就寫了 20 年，直到他生命的終結。

《吝人趣話》收入了 120 多篇故事，刻劃了各種吝嗇鬼的形象，情節生動，語言詼諧，是阿拉伯古典故事文學的代表作。他筆下的吝鬼，不招人厭，甚至還有點可愛。他們一般都善於雄辯，有自己的邏輯，用種種可笑的論據使自己覺得心安理得。其中有一個故事是這樣說的：

有位名叫扎希米的官府文書，人還不錯，但就是有些吝嗇。一日，見一位朋友因初秋的寒意而穿上了一件薄呢大衣，十分不屑，斥之為奢靡、愚昧。那人大惑不解，要他說明緣

故。於是，希扎米便作了如下長篇大論：

「因夏末之塵埃，將侵入其孔隙之中。若雨降人間，大氣溼潤，一切皆潮。衣中之塵，均將潮溼。夫塵者，土也，且為土之精髓，含鹽質，大氅本為呢絨之物，必因此而皺摺橫生，抽縮成團。進而腐蝕，蛀蟲啃咬。此物較之門檻木塊中之蛀蟲，更為迅速，故應晚些穿此大氅。待雨季過後，塵埃落定，泥土團攏，而水將空氣中之灰塵沖走洗淨，將空氣過濾澄清。及至此時，託真主之福，方可穿此大氅也！」

故事到此，戛然而止。留給讀者自己去想像那位官員僅因別人穿了件比自己好一些的衣服，便在風中瑟縮地大發議論的情景⋯⋯

賈希茲寫作的風格輕鬆自如，文筆流暢，擺脫了各種清規戒律的束縛。他在散文作品中時常把嚴肅評論與詼諧幽默融為一體，總是使人出乎意料。讀者往往會在看似無聊的題目中讀到十分重要和嚴肅的內容，會在快要流淚時卻轉而破涕為笑，會在輕鬆愉快的幽默中領悟人生的真諦。著名阿拉伯史學家麥斯歐迪曾評價賈希茲說：「為使讀者和聽眾不感到厭煩，他時而一本正經、不苟言笑；時而詼諧幽默、妙語連珠；時而引用格言警句，語言鏗鏘；時而講述趣聞，令人捧腹。」

伊本‧巴圖塔及其《遊記》

　　伊本‧巴圖塔（1304～1377年）是中世紀阿拉伯世界最有影響、最負盛名的旅行家。伊本‧巴圖塔曾於1325年至1354年間3次出遊，足跡遍及整個阿拉伯世界，向東到了中國和印度尼西亞的蘇門答臘，向東南到過印度和斯里蘭卡，向南深入到非洲中部，向北去過西班牙。伊本‧巴圖塔精力充沛，目光銳利，他在長年旅途中耳聞目睹，廣泛地涉獵了各地的山岳河流、風土人情、典章制度和奇聞逸事。1354年，伊本‧巴圖塔第三次出遊回抵摩洛哥京城非斯，他講述的出生入死的旅遊生涯和怪誕離奇的旅遊見聞使非斯城的王族和百姓嘖嘖稱奇。於是非斯城的蘇丹阿布‧安納尼接見了伊本‧巴圖塔，在了解了他的旅遊經歷後，特命王室的書記官伊本‧裘贊筆錄他的全部旅遊見聞。1355年，伊本‧裘贊完成了著名的《異域奇遊勝覽》，漢語譯名為《伊本‧巴圖塔遊記》的手稿。由於在《遊記》中記述的內容大多真實可靠，阿拉伯人在提到伊本‧巴圖塔時，常常冠以「忠實的旅行家」的美稱。而伊本‧巴圖塔本人也因《遊記》在全世界的傳閱，成為家喻戶曉的人物。

　　伊本‧巴圖塔於1304年2月24日出生於面臨大西洋的北非海岸城市丹吉爾。他的家族是當地的一個望族，他的先輩中有不少人從事文化、教義、法律等工作，其中有人還擔任過安

達盧西亞的法官。由於受到家庭的薰陶，伊本・巴圖塔自幼聰穎好學，少年時代就能背誦全部《古蘭經》，成年後諳熟教義學和教律學。他的父母也殷切地期望他長大後能光耀門眉、繼承家業，成為家族中另一個有所作為的法官。但伊本・巴圖塔卻並沒有按照雙親的意願去行事，而是選擇了一條完全出乎家庭意料的生活方式 —— 漫遊世界。

1325 年 6 月，伊本・巴圖塔當時 21 歲，他決意離家出遊。這是他第一次出遊（1325 ～ 1349 年），他選擇的目的地是去阿拉伯半島的麥加和麥地那朝覲天房和膜拜先知陵墓。中世紀時代，從北非最西端的大西洋海岸長途跋涉前往沙海茫茫的阿拉伯半島腹地是一段充滿風險、令人望而生畏的艱難路程，不僅旅途遙遠，道路險阻，而且沿途盜匪猖獗、瘟病肆虐，隨時都有喪失生命的危險。儘管困難重重，但阻擋不住伊本・巴圖塔出遊的決心。伊本・巴圖塔最初的旅遊路線是沿地中海南岸由西向東往埃及出發。行至阿爾及利亞，伊本・巴圖塔結識了前往突尼西亞的商旅，就與他們結伴登程。在途中，伊本・巴圖塔歷盡艱險，有時還身患重症，真是九死一生。

伊本・巴圖塔在進入阿拉伯半島之前，先後遊歷了利比亞、埃及、巴勒斯坦、約旦、黎巴嫩、敘利亞等地區的的黎波里、亞歷山大、開羅、耶路撒冷、蘇爾（阿曼）、賽達、貝魯特、阿勒坡、拉塔基亞等歷史名城。後來，他在《遊記》中記述了上述

城市的歷史風貌、名勝古蹟、城市建築、社會設施和發生的重大事件等重要數據,從而給我們生動地展現了一幅色彩斑斕的中世紀阿拉伯社會的生活畫卷。伊本‧巴圖塔非常注意觀察當地具有特色的事物,這為以後的《遊記》增添了靚麗的一筆,同時也為後人的考證工作提供了珍貴的第一手數據。

伊本‧巴圖塔是一個虔誠的伊斯蘭教徒,他對麥加的宗教遺蹟非常嚮往,他在將近 24 年的第一次出遊中,曾四次前往麥加朝聖。1326 年,伊本‧巴圖塔到達了麥地那和麥加。他首先瞻仰了麥地那的聖寺和聖陵(即穆罕默德建造的清真寺和他的陵墓),然後,赴麥加朝覲。伊本‧巴圖塔在《遊記》中,對麥加的風物人情,禁寺的克爾白、黑石、滲滲泉等伊斯蘭聖蹟都作了十分細緻的記述,給後人提供了極有價值的歷史文化數據。

伊本‧巴圖塔在麥加完成朝覲後,並沒有返回家鄉,而是繼續他的遊歷,登程前往伊拉克和波斯,此時他先後遊歷了巴格達、庫法、巴斯拉、摩蘇爾、設拉子等歷史名城。隨後,再次來到麥加朝聖。這一次,他在麥加留駐達兩年之久。然後,西行至吉達港,沿紅海南行,抵沙那、亞丁。由此,西渡紅海至東非的摩加迪休、三蘭港等地,然後又東渡紅海返回阿拉伯半島,至阿曼最南端的佐法爾,並遊歷了荷姆茲、馬斯喀特、巴林和波斯灣等地,最後又返回聖城麥加作第三次朝覲。

伊本‧巴圖塔第三次在麥加朝覲完畢後,決定去羅姆人地

區看看。「羅姆人地區」，是當時阿拉伯人對歷史上著名的拜占廷帝國的所在地 —— 土耳其一帶的稱呼。伊本・巴圖塔由麥加西行至吉達港，由吉達北上至埃及，再由埃及沿地中海北上至敘利亞拉塔基亞港，然後由拉塔基亞港繼續北上，行程十日來到了土耳其境內。伊本・巴圖塔在土耳其境內由北向南遊歷，訪問了安塔基亞、君士坦丁堡等 10 多個著名城市，一直到達黑海南岸，並北渡抵達克里米亞半島。

伊本・巴圖塔在中亞黑海沿岸遊歷時，曾計劃前往「黑暗地區」，即現在俄羅斯境內的西伯利亞地區。但後來由於缺乏必要的如雪橇等交通工具，伊本・巴圖塔放棄了這個旅行計畫，改道前往君士坦丁堡和烏茲別克的首府塔什干等城市。接著又繼續東行，訪問了花剌子模、布哈拉、撒馬爾罕；然後又越過阿姆河一直到達奈撒布爾和阿富汗的喀布林。之後，伊本・伊圖泰又決意前往印度。1333 年 9 月（伊曆 734 年 1 月），伊本・巴圖塔抵達印度河流域。

伊本・巴圖塔在印度生活了比較長的時間，對印度的風土人情、禮儀習俗作了細緻的考察。他在《遊記》中對印度的記述始終是研究中世紀印度社會的重要參考數據。伊本・巴圖塔在印度期間，受到了蘇丹的熱情接待，蘇丹給予了他很高的禮遇，他得到了極為豐厚的賞賜：蘇丹給了他幾個村子的封地，他每年的收益可折合五千多第納爾。此外，蘇丹還專門為他修

建了類似於清真寺的禮拜道堂。不僅如此，由於伊本‧巴圖塔
學識淵博，品行端正，深受蘇丹的推崇，蘇丹曾一度任命他為
德里的宗教法官，而且，後來又作為印度國王的友好使者護送
大批珍貴禮品出使中國。

　　伊本‧巴圖塔由印度出使中國走的是海路。他們一行先到
達加爾各答，然後搭乘中國海船駛往中國。伊本‧巴圖塔在前
往中國的途中歷盡了千辛萬苦。他的乘船不幸遇險，又遇到搶
劫；他雖倖免於難，但隨船攜帶的印度蘇丹的禮品卻悉數丟失，
無一存留，伊本‧巴圖塔不敢就此返回印度，於是獨身前往中
國，在航行中國的海路上，經過了錫蘭島、爪哇島和蘇門答臘
等地。1346 年，伊本‧巴圖塔最終抵達中國的海港 —— 刺桐
（今泉州），然後又先後遊歷了廣州、杭州和元朝的首府 ——
大都（今北京）。伊本‧巴圖塔在中國逗留的時間並不是很長，
但他依然保持他素有的習慣，對中國某些方面的觀察十分用心
細緻。

　　在伊本‧巴圖塔眼裡的中國地大物博，它的水果、農作
物、金銀製品極為豐富，是世界其他地方無法與之相比的。在
《遊記》中伊本‧巴圖塔還說，中國的每一個城市內都設有專門
供穆斯林居住的區域，裡面設有清真寺，穆斯林在中國備受大
家的尊重和照顧。

　　伊本‧巴圖塔對當時世界各地仍普遍使用金屬硬幣交易，

而中國已廣泛使用紙幣一事饒有興趣，他詳細地描述了紙幣的大小、模樣和舊幣兌換新幣的手續等等。他說，每張紙幣的大小猶如手掌，上面蓋有蘇丹（即皇帝）的印記。他還細心地注意到如果紙幣用爛了，則可到制幣局去換取一張面值相等的新幣。

伊本·巴圖塔對中國境內治安措施的嚴密性也極為感慨。他說，中國是過往旅客最為理想的安全國家。一個單身客商即使攜帶大量錢財，進行長時期的旅行也不必擔驚受怕，因為旅客每到一處都有客店下榻，那裡住著一位長官，統領一小隊騎兵。天黑之後，這位長官帶領一名文書來到客店查夜，他們逐個記錄下在店中過夜的旅客姓名，並在上面加蓋戳記，隨後就把客店的大門上鎖緊閉；第二天清晨，這位長官和文書再次來到客店查點人數，當核對無誤時，就指派專人護送旅客一直至下一旅站。到站後，由這一站的長官簽收，並由護送者帶回註明全體行旅安全到站的簽條銷差。

伊本·巴圖塔還懷著極大的好奇心對中國的諸如瓷器、煤炭、魔術、繪畫、手工藝品、船舶管理等都作了極其細緻生動的描述，這些記載，無疑是研究中國元朝的社會生活、典章制度的極有價值的歷史數據。

伊本·巴圖塔結束對中國的遊歷後，返回印度。不久，又辭別印度回國。他取道蘇門答臘，搭船至阿拉伯半島南端的佐法爾，然後北行，重遊了設拉子、伊斯法罕、巴斯拉、巴格

達、大馬士革、耶路撒冷、吉薩、開羅等城市。之後,從開羅至麥加,作回國前的第四次朝聖。1349 年,伊本‧巴圖塔結束了長達24年的第一次旅遊,終於踏上了自己的故土 —— 費茲。當他回到費茲時,已是物是人非,他親愛的母親已離開了人世。

由於旅途勞頓,伊本‧巴圖塔回到非斯後臥病三個月不起。在他病好後不久,又決定進行第二次旅遊。他這次的目的地是經直布羅陀海峽前往西班牙的安達盧西亞,這次旅行行程較短。從西班牙回到費茲稍作休整後,伊本‧巴圖塔接著進行了第三次出遊,此次出遊的目的地是黑非洲大陸。根據當代學者的研究,伊本‧巴圖塔對於黑非洲的地名記載不夠清楚,但是從他記述的風物人情分析,很可能到達了中、西非的剛果、迦納和奈及利亞。因此,伊本‧巴圖塔被視作阿拉伯歷史上第一位在著作中描述中世紀中、西非社會生活的旅行家。

伊本‧巴圖塔是中世紀傑出的旅行家,他是溝通阿拉伯人民與中亞、西亞、印度、中國各族人民友好往來的先驅者,為中世紀歐、亞、非三洲的文化交流也作出了不可磨滅的貢獻。直至現在,他還是阿拉伯民族,尤其是摩洛哥人民的驕傲。

阿拉伯藝術

▶音樂

阿拉伯音樂起源於貝都因人的游牧生活，最早的韻律是趕駝者按照駱駝行進的節奏吟唱的曲調。賈希利亞時代，出現了商旅駝隊吟唱的民謠，多神崇拜的祭祀儀式往往也伴以相應的頌歌。在伊斯蘭教產生之前，阿拉伯人非常愛好詩歌，並將它們譜成了歌曲，類型多種多樣，包括宗教歌曲、商隊歌曲、戰爭歌曲、愛情歌曲等等。與之相應的還傳入了一些樂器，其中鈴鼓、長笛、雙簧管、皮面琵琶等，成為阿拉伯人常用的樂器。

阿拉伯人民非常喜愛音樂，認為音樂和詩歌對改善社會關係、純化男女關係造成促進作用。

伍麥葉時代，宗教情感淡薄，娛樂成風。在希賈茲的兩座聖城，雲集著四方的歌手。麥加的黑人歌手賽義德‧米斯哲哈曾經在敘利亞和伊拉克學習拜占廷音樂和波斯音樂，將阿拉伯詩歌譜成曲調，可謂伊斯蘭音樂的開山鼻祖。繼賽義德‧米斯哲哈之後，伊斯蘭世界的樂壇又相繼出現了 4 位著名歌手：伊本‧蘇拉吉，突厥血統，曾經師從賽義德‧米斯哲哈學習音樂，相傳他將波斯琵琶引入希賈茲，並且首先使用樂鞭指揮演奏；蓋立德系柏柏爾血統，曾經向伊本‧蘇拉吉學習音樂，後

來成為名噪一時的歌手；伊本‧穆哈拉茲，波斯血統，被譽為阿拉伯的響板手；麥爾巴德，黑人血統，曾在大馬士革的宮廷演唱歌曲，備受哈里發的恩寵。麥地那的歌妓迦米拉，堪稱希賈茲樂壇的佼佼者。伍麥葉時代，波斯的板面琵琶和木製笠笛等許多樂器相繼傳入。伍麥葉王朝的哈里發和達官貴人大都效仿波斯風俗，經常舉辦歌舞晚會。

　　阿拔斯時代，阿拉伯音樂進入了它的輝煌時代，樂壇歌手也是層出不窮。馬赫迪在位期間，麥加人謝雅圖和摩蘇爾人易卜拉欣頗具音樂天賦。據說，謝雅圖的歌聲比洗熱水澡更能使發冷的人感到溫暖；易卜拉欣竟然在指揮數十名樂手演奏琵琶的時候發現其中 1 人的第二根琴絃拉得不夠緊。後來，易卜拉欣成為哈倫的清客，受到哈里發的禮遇，經常得到數額可觀的賞賜。這一時期，音樂理論在阿拉伯世界也有了長足發展，穆斯林將希臘語的音樂著作譯成阿拉伯語，有一些希臘語的有關音樂理論的著作也譯成了阿拉伯語廣泛流傳。巴格達的音樂家易司哈格‧穆綏裡撰寫了數部著作，總結音樂理論和創作實踐，論述旋律和節奏的構成。著名學者法拉比深入探討了音樂的結構、曲調和節奏，所撰寫的《音樂大全》和《節奏分類法》，被時人視為音樂理論的權威之作，並對西方音樂產生一定的影響。

▶繪畫藝術

伍麥葉時代的著名建築阿姆拉宮，其中就有許多出自異教徒之手的精美壁畫。阿拔斯帝國的哈里發穆爾太綏姆在 836 年營建薩馬拉時，下令用裸體人像和狩獵場面的壁畫裝飾新都的內宮。穆台瓦基勒在位期間，哈里發聘請的拜占廷畫匠甚至將基督教堂和僧侶的圖案畫在薩馬拉的內宮牆壁。但由於伊斯蘭教反對偶像崇拜，他們認為只有阿拉才有權表現人和動物的形象，所以在清真寺裡都看不到人和動物形象的藝術品。

▶書法藝術

穆斯林長期遵循經訓的教誨，崇尚書法藝術，所以書法藝術是阿拉伯藝術的重要方面，而它的表面形式又主要是謄抄《古蘭經》。《巴哈拉姆殺龍》中的阿拉伯書法由於繪畫內容的諸多限制，穆斯林大都在書法領域盡情顯露自己的藝術才華。他們不斷汲取異族和異教的繪畫技巧，將自然的美感融會於書法藝術之中，使書法藝術達到了爐火純青的境界。麥地那時代，庫法體阿拉伯文頗為盛行。這種書體，古樸方正，稜角清晰，線條粗獷，近似於漢字中的篆書。據傳，先知穆罕默德就曾用庫法體書法，親筆給阿拉伯各部落酋長寫信，號召他們皈依伊斯蘭教。鄂圖曼在位期間確定版本的《古蘭經》，便是用庫法體謄抄。伍麥葉時代，納斯赫體阿拉伯文逐漸取代庫法體，風行伊

斯蘭世界。該體盤曲流暢，便於手寫，近似漢字中的行書。迪瓦尼體字間聚散分明，字形委婉多姿，近似漢字中的楷書，主要用於公文的書寫。蘇勒斯體又稱三分體，宛若幾何圖案，字形複雜，字型雍容華貴，近似漢字中的草書，多用於裝飾性的文字書寫。與之相應，阿拉伯還出現了一批著名的書法家，如賴哈尼、伊本‧木格萊、伊本‧伯瓦卜、穆哈蓋格等。

▶建築藝術

　　生活在阿拉伯半島的貝都因人，最初並無嚴格意義的建築可言。流動的帳篷是他們的宅居，浩瀚的曠野是他們的廟宇，無垠的沙丘是他們的墳墓。伍麥葉時代，阿拉伯人初別自己的故土，對於沙漠生活尚有特殊的情感。哈里發似乎並不喜歡喧囂的大馬士革，而是偏愛靜謐的去處。他們大都隱匿在敘利亞沙漠的邊緣地帶，並建造了許多行宮。這些行宮或者位於羅馬要塞的廢墟，或者仿照拜占廷和波斯的建築風格。馬立克曾在敘利亞沙漠的西南側建造穆瓦蓋爾宮（即榮譽宮），其子韋裡德二世在穆瓦蓋爾宮附近的羅馬要塞遺址建造穆斯塔勒宮（即堡宮）和阿茲拉格宮（即藍宮）。

　　著名的穆沙塔宮（即冬宮）位於上述行宮附近，用石塊做建築材料，是貝都因人沙漠建築的傑作。整個建築呈正方形，圍牆環繞四周，圍牆兩側築有塔樓，正門兩側亦各有塔樓，巨大

的水池位於庭院的中央，主殿和寢宮依次排列在水池的後面。寢宮的頂部呈 3 個半圓形，寢宮兩側各有筒形穹窿，採用波斯風格的尖形弓架結構。主殿內牆麥加的大清真寺有許多壁龕和側柱，與後來清真寺的殿內裝飾如出一轍。阿木賴宮位於死海北端，建於韋裡德一世在位期間，用紅石灰石做建築材料，包括主殿和輔廳。主殿的頂部是 3 個筒形穹窿，外面的光線由筒形穹窿的 6 個視窗射入殿內。輔廳的屋頂各呈筒形穹窿、十字穹窿和三角穹窿，內設浴室和排水裝置。主殿的正面牆壁畫有哈里發的肖像，側面牆壁是 6 個異族君王的畫像，其中包括羅馬的獨裁者凱薩、波斯皇帝胡斯洛、衣索比亞的阿克蘇姆國王尼加斯、西班牙的西哥德國王羅德里克。其餘牆壁以及輔廳也有許多精美的壁畫，包括競技、狩獵的場面和裸體女人的肖像，波斯的藝術風格和拜占廷的繪畫技巧盡顯於壁畫之中。

　　宗教建築歷來是建築藝術的典型佳作，在伊斯蘭教盛行的阿拉伯世界更是如此，清真寺建築風格的演變過程則是阿拉伯人傳統文化風格與被征服地區異族異教藝術時尚漸趨融會的縮影。清真寺在阿拉伯語中稱作「麥斯只德」，意為禮拜的場所，殿堂和浴室是清真寺的基本要素。根據《古蘭經》，麥加的克爾白應是最古老的清真寺。麥地那的先知清真寺始建於 622 年，代表早期伊斯蘭時代樸實無華的建築風格。

　　伍麥葉時代，在被征服地區異族異教藝術時尚的影響下，

清真寺的建築風格發生變化。穆斯林模仿基督教堂的供壇，首先在麥地那的先知清真寺殿內正牆增設凹壁（米哈拉卜），用來指示禮拜的朝向，其他諸地的清真寺於是競相效法。穆斯林還模仿敘利亞原有的望樓和基督教堂的高塔，在清真寺的院牆增設宣禮塔（米宰納）。伊拉克總督齊亞德·阿比曾醞士拉清真寺增設 7 座宣禮塔，埃及總督麥斯萊麥·穆哈拉德於 672 年在弗斯塔特的阿慕爾清真寺四角增設 4 座宣禮塔，韋裡德一世在位期間的希賈茲總督歐默爾也曾在麥地那的先知清真寺增設宣禮塔。敘利亞的宣禮塔往往採用石塊建造，呈四方形；埃及的宣禮塔多由泥磚砌成，建築風格與亞歷山大里亞的著名燈塔頗為相似；在伊拉克，建於阿拔斯時代的薩馬拉清真寺，其宣禮塔模仿古巴比倫的廟塔，分為 7 級，代表日、月和金、木、水、火、土 5 大行星。

馬立克在位期間，為與阿卜杜拉·祖拜爾及其控制的希賈茲兩座聖城分庭抗禮，在耶路撒冷建造薩赫萊清真寺，又稱「磐石上的圓頂寺」。該寺呈八角形，每邊長約 20 公尺，高 9.5 公尺，牆壁用石塊砌成，上面為一巨大的圓頂，由許多方柱和圓柱支撐。摩洛哥哈桑清真寺的宣禮塔和石柱據說，薩赫萊清真寺的圓頂，系模仿布斯拉的大教堂和耶路撒冷的聖陵教堂建造。圓頂的表面和八角簷梁鑲嵌著彩色的瓷磚，並且刻有精美的庫法體《古蘭經》經文。圓頂之下陳放著所謂的聖石，長寬各

約 10 餘公尺。相傳，先知穆罕默德於 621 年的一個夜晚踏此聖石登霄，遨遊仙界。該寺建成以後，巨型圓頂和鑲嵌細工的建築風格被穆斯林廣為效仿，成為後世清真寺的重要特徵。耶路撒冷的薩赫萊清真寺、阿克薩清真寺和大馬士革的倭馬亞清真寺，明顯不同於麥地那的先知清真寺以及巴斯拉、庫法、弗斯塔特、凱魯萬等地最初建造的清真寺，展現了阿拉伯人的建築風格與異族異教藝術時尚的完美結合。

阿拔斯時代，伊斯蘭世界的建築藝術日臻成熟。巴格達的綠圓頂宮、薩馬拉的巴爾庫瓦拉宮、科爾多瓦的阿薩哈拉宮以及薩馬拉清真寺、科爾多瓦清真寺、非斯的卡拉維因清真寺、弗斯塔特的伊本·土倫清真寺、開羅的愛資哈爾清真寺，皆可稱作伊斯蘭建築藝術的瑰寶。

陵墓建築是阿拉伯建築的又一重要內容。由於伊斯蘭教認為靈魂可以脫離肉體而單獨存在，所以對興建去世者的陵墓特別重視。著名的陵墓被稱為「聖陵」，埋葬在聖陵中的一般都是阿拉伯世界中著名的統治者、皇親國戚、宗教領袖、教派首領、對伊斯蘭教的發展有傑出貢獻的穆斯林長老或穆斯林崇拜的特殊的宗教人物。

陵墓建築的登峰造極的傑作，就是被譽為世界七大建築奇蹟之一的印度的泰姬陵，它是印度莫臥爾王朝第五代皇帝沙賈漢為了深切紀念因分娩而去世的愛妃泰姬·瑪哈而建造的巨大

陵墓。整座陵墓宛如一所宏大的清真寺禮拜殿，成為伊斯蘭陵墓建築的最高典範。

　　陵墓建築與清真寺建築一樣，具有「兩世兼顧」的特點，既莊重肅穆，又美觀華麗。這些頗具特色的阿拉伯建築，在人類建築史上占據著舉足輕重的地位。

阿拉伯紋飾

　　伊斯蘭教嚴格禁止具象繪畫的戒律，給伊斯蘭藝術造成以下四種影響：第一，促使伊斯蘭美術世俗化。繪畫、壁畫、雕塑等造型藝術在伊斯蘭教中，不作為來世的藝術，不為宗教服務，遠離清真寺和經典，不像基督教中繪畫、雕塑作為闡述教義教理、指導個人行為的載體，而是附著於非宗教建築和書籍、瓷器、織品等世俗民生器物藝品中。第二，促成伊斯蘭美術的抽象特徵。有的學者指出，既然人物畫像甚至飛禽走獸的圖畫大量存在於非宗教的場合，那麼實際沒有所謂「伊斯蘭教美術」。雖然伊斯蘭美術不直接為宗教服務，但要受伊斯蘭教理及其美學的約束，由於懼怕「聖訓」中末日懲罰的儆戒，穆斯林避諱具象和寫實的藝術創作手法，採用抽象表現形式，抒發深刻的蘊義，漠視光影原理、透視法和三維空間以及人物和動物畫中的比例。由此來看，伊斯蘭美術與西方傳統古典美術迥然不

同，它貫穿著伊斯蘭教理和美學思想。第三，促進伊斯蘭紋飾藝術的發達。雖然存在禁止具象繪畫的戒律，但穆斯林在社會生活中仍有以造型藝術表情達意的需求，為消弭宗教與藝術的矛盾，穆斯林藝術家另闢蹊徑，以兼備具象與擔負雙重特性的紋飾藝術代替造型藝術，完美地達到目的。伊斯蘭紋飾藝術的成就領先於世界其他民族和宗教的裝飾藝術。第四，造成美術家社會地位不高。伊斯蘭教歷史上，美術家排在書法家和教義學家之後。在非宗教典籍中，書法家繕寫謄錄，美術家只有在空白處繪畫插圖的份兒。西元 13 世紀前，美術家一般不在插圖中署名。

說起阿拉伯紋飾，其主要特點是兼具形象和抽象，以抽象為主，其理論基礎是伊斯蘭美學。中世紀阿拉伯著名哲學家伊本・西那採取了帶有新柏拉圖主義色彩的亞里斯多德哲學體系，認為感悟是人類認識真主和世界的一種最高能力，因此，一切失去物質和感性外殼的抽象概念是知識的最高形式，因為人的精神目光應從「粗糙」的物質現實，從一些具象的事物和現象移開。當代阿拉伯 —— 伊斯蘭藝術史學家阿非夫說，伊斯蘭美術並非來自理性和直覺，而是源於臆想和情感，滿懷著對真主的崇奉和篤信。也就是說，穆斯林藝術家的創作途徑是透過臆想，而非感知。因為對真主的認識並非透過感知，而是感悟。感悟的程度因人而異，最高是先知們的感悟，然後是哲

人、藝術家、文學家和詩人。感悟是抽象的，踰越感覺和深思熟慮。藝術則是以理智的感覺摹畫崇高與偉大。格拉巴拉（O·Grabara）在《伊斯蘭藝術的形成》中指出阿拉伯書法藝術嬗變作紋飾，又成為符號和象徵，可謂伊斯蘭藝術的源泉。他說：「伊斯蘭藝術不僅是裝飾藝術，也頗有象徵意義。我們在東、西希爾宮，冬宮和穆夫傑爾宮見到繪畫，無論是幾何狀或植物狀，都有象徵意義，這是尹斯蘭美學的極致。也就是說，我們面對的建築是運動的，而非靜止的，並由此衍生出相應的形制。因此，不能把裝飾成分看作孤立的構成或視而不見的自然存在。」他還說：「從對藝術品的文化價值層次探究伊斯蘭美術，拋開視覺感知的事物、尋常的標誌以及包含的意義，那麼圖畫與其根本就一分為二，處於變化之中。在圖畫表象的背後，是標記和表面特點的諧調統一，留給人自由想像的餘地。故伊斯蘭美學包含許多可資遐想的寓意，具備無限的欣賞價值。」阿非夫·巴哈尼斯在《阿拉伯藝術美學》書中說，框線和色塊是伊斯蘭美術的兩大因素，如同植物的枝與葉，相輔而行。由框線而生色塊，再衍變出各種幾何形狀。譬如，書法中的線，從表象看是幾何圖形的基本要素，但從擔負意義看，它與認主獨一相聯。即萬物起於線，歸於線。又如放射型的幾何圖形，是離散的，也是聚合的。表現源於獨一，歸於獨一。獨一就是真主。阿拉伯紋飾中的幾何紋由基本的幾何形狀如三角形、四角形和

五角形衍生。這些幾何形狀變換循環，組成各種森羅永珍、奇妙怪譎的圖案。穆斯林從中可感到循環往復的世界以及造物主的存在，思索生命的迴旋與更迭，領悟真主之美和無始無終的神力，得到美的愉悅和思想的陶冶。阿拉伯幾何紋飾不僅表現了穆斯林對代數學和幾何學的知識，而且包含了他們的宗教熱忱。歷史上的阿拉伯人一直沉湎於裝飾藝術，以此作點綴和裝潢，還代表萬類庶物。既是藝術表現，也是宗教象徵，反映了阿拉伯人的藝術天資。阿拉伯幾何紋飾不但具有數學意義，且涵蓋世間萬物的形狀，如圓柱體、球體和立方體等。但穆斯林藝術家沒有拘囿於表現體積，而認為體積是人類無法填滿的精神外殼。伊斯蘭藝術追求表現物質存在的平面形狀，認為平面並非空洞抽象，蘇菲派經常借用平面表達各種意思。阿拉伯紋飾也非膚廓無物，而是以抽象形式代表世間萬物，所有生命體或非生命體。植物紋的表現手法與幾何紋類同，即把植物的外在特徵，如彎曲的莖蔓、繁茂的枝葉，貫穿於抽象的幾何紋中，予物質基本形態增添各種顏色，使其具備新的意義和闡釋。視覺中的線條和色彩，流通著藝術的旋律。曲線紋飾肯定了阿拉伯藝術的創作靈感，象徵植物、花卉，拉近了人與自然的距離。曲線紋飾表現的，正是大自然的含義。

　　那麼，何為伊斯蘭裝飾藝術？它是指附著於以清真寺為主的建築物和各類藝品上的紋飾藝術，以非具象的波狀曲線的阿

拉伯紋飾為表現手段。伊斯蘭藝術離不開紋飾藝術，其核心是宗教建築物和藝術品，裝飾這兩種主體藝術的阿拉伯紋飾則是伊斯蘭藝術的靈魂。因為伊斯蘭教禁止偶像崇拜，反對描繪生命體，使得阿拉伯紋飾為主的伊斯蘭裝飾藝術領有獨樹一幟的特點。阿拉伯紋飾藝術特徵是講究重複、整齊和規則的排列，對稱、均衡和節奏的置陳。表現形式的複雜繁縟，令人眼花撩亂，反映了伊斯蘭藝術崇尚繁複、不喜空白的審美。不喜空白是原始人類藝術的共同特徵。伊斯蘭教認為，空間是魔鬼出沒的地方，故應以稠密的紋飾填滿空間，阻止魔鬼活動。更重要的是，伊斯蘭教認為，相當於無有的空白並不存在，真主無時無處不在。

阿拉伯紋飾包括幾何紋、植物紋和書法紋三種：

一、**幾何紋**。圓形和方形是所有幾何紋的根本，由此繁衍其他類型紋飾。阿拉伯幾何紋飾以星形圖案為主，它蘊含了伊斯蘭教天地融合的觀念。星形圖案組合方式眾多，如三角形可變成五角星形和六角星形。四角形變成八角形，前者象徵四面，後者表示八方。人們透過星形圖案，可聯想到天穹和下土、正中與方圓、精神及物質。幾何紋除星形圖案外，還有以正方形、十字形、萬字形等幾何紋飾為主的多種組合圖案，以及構思獨特的扭曲狀編結紋。伊斯蘭藝術先於世界其他民族和宗教藝術使用幾何紋飾，並將其作為主要裝飾藝術，星狀圖案

常見於建築物和木質，銅質藝術品上。幾何紋飾不但表達了穆斯林的欣賞品味，也證明他們豐富的幾何學知識。幾何紋飾在抄姆地區敘利亞和埃及備受崇尚，後傳至北非的土耳其。今天沙姆地區現代建築上，幾何紋飾觸目即是。

二、**植物紋**。阿拉伯紋飾中的植物紋，並非具象描摹樹木和花草，而是波狀曲線幾何紋的一種變體。最典型的形狀為棗椰樹葉紋，源出希臘，主紋呈扇面棗椰樹葉狀，具有連綿不斷，無限延伸的抽象式樣，象徵宇宙萬物的深奧精深和生命力的頑強不撓。植物還有象徵生命之樹的聖樹紋，出自伊朗薩珊藝術。典型的聖樹紋是在一棵大樹兩側畫兩隻相對的動物。9世紀後，聖樹紋漸趨抽象，樹幹變成纖細垂直的線條，枝葉呈螺旋狀紋。植物紋後來還出現彎曲莖蔓纏附枝幹的葡萄紋。穆斯林使用植物紋飾，意在重現自然。反覆連續和相對或近似的樹葉、樹幹形狀的紋飾，貫穿著抽象和象徵的原則。植物紋出現於西元9世紀，當時薩馬拉城牆壁的灰泥紋飾和埃及圖倫遺址上可見到這種紋飾。法蒂瑪時期，植物紋飾藝術得到發展，到13世紀則登峰造極。之後，植物紋飾傳往伊朗，裝飾在彩釉瓷磚上，而且具有中國藝術特色。植物紋在伊朗和印度十分流行，流線形的枝椏、葉片和花蕊紋飾充斥地毯、書籍、門闌、清真寺的講壇和凹壁。陵墓柱塔上常雕鐫松樹的花卉紋飾，代表後世及其幸福、安詳、豐裕和美好。

　　三、**書法紋**。阿拉伯書法有多種字型，強調縱向和橫向筆畫，且具裝飾性。庫法體筆畫形如棗椰樹葉或花卉。納斯黑體和三分體講究縱向筆畫，曲線變化多端；魯庫阿體莊重大方結構工整；迪瓦尼體飄逸跌宕，結構疏密恰到好處。筆畫空白處裝潢薔薇紋和逗點，整體視如中國傳統黑白花鳥畫。以上阿拉伯字型都以曲線變化為特徵。以此作為裝飾手段，與植物紋的波狀線條有同工異曲之處。從 8 世紀至今，伊斯蘭藝術家一直用阿拉伯書法裝飾清真寺的牆壁、拱頂、券門和凹壁。

　　在馬格里布和安達盧西亞地區，當地人以雕刻或鏤孔的石膏勾勒出幾何和植物紋，還出現了稱為「情人心」的雙心狀和蜂巢狀幾何紋飾。庫法體或納斯黑體的書法紋飾一般抄錄詩人布希里（1211 ～ 1296 年）的詩篇，還有阿拉伯文的吉祥、平安的字句。格拉納達的紅宮、塞維利亞的拜尼‧阿巴德宮中的書法紋飾，堪稱伊斯蘭書法紋飾的傑作。

　　以動物圖畫作裝飾在近東由來已久，穆斯林承襲了這種藝術，使用獅子、老虎、大象、羚羊、兔子和小鳥的圖畫裝飾建築和工藝品。動物裝飾藝術部分來自中國，但多源於波斯薩珊藝術。

　　阿拉伯紋飾融書法與繪畫為一體。阿拉伯書法是勾勒字詞的筆畫、組合筆畫結體，繪畫則是描摹現實或虛構的形象。阿拉伯紋飾是無具體含義的繪畫，表現為非具象的、圖案化的形

式。阿拉伯書法成為紋飾藝術，儘管未脫離其基本功用，但抽象的意義已成主流。而且由於阿拉伯文是抄寫《古蘭經》的神聖文字，又增添了阿拉伯書法藝術的審美情趣。隨著書法藝術地位的提高，其解釋說明功能亦相應增強。

阿拉伯書法從迦南起源時起，就有幾何圖案的特點，之後演變為柔和飄逸或支離破碎或二者兼有的幾何形式。庫法體的出現將阿拉伯書法推向超群絕倫的巔峰。這種字型一般以抽象的枝葉植物紋裝飾，稱為「柔和曲線」。到 15 世紀，幾何圖案的書法開始用於裝飾非斯城建築的牆壁，即以磚塊交錯拼成「阿拉」一詞或先知穆罕默德或哈里發的名字。阿拉伯書法以形狀分兩種，一為稜角形，一為曲線形。阿拉伯書法紋飾由此亦分兩種，一為由三角形或正方形衍生，稱為「哈伊特」（框線形）。一為曲線形，糅合了植物紋，稱為「拉姆依」（色塊形）。

阿拉伯自然科學與教育

天文曆法

天文學的前身是占星術，阿拉伯人的天文學則最初來自古代希臘的星相學。自古以來，阿拉伯人便對天象頗感興趣，他們往往根據星宿的變化判斷氣候，預卜吉凶。但阿拉伯人系統地研究天文學，是從阿拔斯帝國開始的。阿拔斯帝國建立以後，印度學者拜爾赫姆卡特所著的天文學典籍《西德罕塔》和希臘學者托勒密的著作《天文學大成》相繼被譯成阿拉伯文，為阿拉伯人天文曆法學的興起和發展創造了條件。穆斯林隨之開始對天文學的研究，經過幾百年的觀測和研究，阿拉伯人在天文和曆法方面取得了不少成就，在相當程度上充實了古代天文曆法知識的寶庫。《西德罕塔》的翻譯者穆罕默德·易卜拉欣·法薩裡（？～ 796 年），成為伊斯蘭世界的第一位天文學家。馬蒙在位期間，阿拔斯帝國在首都巴格達和撒馬爾罕、內沙布爾、軍迪沙浦爾、設拉子、拉卡、大馬士革、弗斯塔特等地設定有天文台，藉助於渾天儀、天象儀、象限儀、天球儀、地球儀、星盤等各種較為精密的儀器觀測天體運動。馬蒙曾經命天文學家在幼發拉底河上游的辛賈爾平原與敘利亞的帕爾米拉之間實地測量子午線一度的距離，據此推算地球的直徑和周長的數值。

阿拉伯天文學星座圖隨著對天文學的研究進一步發展，阿拉伯湧現出了一批著名的天文學家，他們對阿拉伯乃至全世界

的天文學作出了不可磨滅的貢獻。以下就介紹幾位著名的天文學家，以透過他們的研究成果來了解阿拉伯天文學的發展脈絡和成就。

花拉子密（780～850 年）全名穆罕默德·穆薩·花拉子密，西方人稱之為阿爾戈利茲姆，生於中亞的花拉子模。花拉子密汲取印度、波斯和希臘天文曆算的成就，參照新的觀測數據，編制了《花拉子密曆表》，它是伊斯蘭世界的第一部天文曆表。該表後來被譯成拉丁文，在基督教歐洲廣泛流傳，成為西方人編制天文曆表的藍本。

白塔尼（850～929 年）全名穆罕默德·賈比爾·希南·哈拉尼，西方人稱之為阿爾巴特尼烏斯，是繼花拉子密之後伊斯蘭世界又一傑出的天文學家。白塔尼生於美索不達米亞北部的哈蘭，原系薩比教徒，後來改奉伊斯蘭教，曾在拉卡的天文台觀測天象長達四十餘年。他在希臘天文學理論的基礎之上，根據長期的天體觀測，運用精確的數學計算和嚴密的邏輯推理，著有《恆星表》（亦稱《薩比天文曆表》）。阿拉伯人在時使用的天體觀測儀。他改進了天體執行的計算方法，所得數值的精確度超過前人。白塔尼在天文學領域的是突出貢獻，他發現了地球的近日點運動，即地球執行的軌道呈經常變化的橢圓。白塔尼還在《恆星表》中引用《古蘭經》中關於太陽和月亮按其軌道執行的經文，依照天文觀測的事實予以解釋，進而證明阿拉創

造天地萬物的偉大。如同《花拉子密曆表》一樣，白塔尼的《恆星表》也被譯成拉丁文，對基督教歐洲的天文學影響甚大，曾經被哥白尼和拉普拉斯等人多次引用。

阿布‧瓦法（940～998年）生於呼羅珊的布茲占，曾在巴格達從事天文學研究和天象觀測，主持建造用於觀測星體的象限儀台。他將三角學的正切函式和餘切函式應用於天象的觀測，最早發現月球執行的「二均差」，即月球的中心差和出差在朔望和上下弦以及弦望之間皆有盈縮的偏差。他的這一發現，曾被誤認為是600年後文藝復興時期丹麥天文學家第谷‧布拉赫的功績。阿布‧瓦法還對地球呈球體形狀的傳統觀點進行了科學論證，提出地球繞太陽執行的假說，進而糾正了托勒密「地球中心說」的錯誤理論。

比魯尼（973～1048年）全名阿布‧拉哈尼‧穆罕默德‧艾哈邁德‧比魯尼，生於中亞的花拉子模，曾在賈茲尼王朝蘇丹馬哈茂德和麥斯歐德的庇護下從事學術研究，著述頗豐。所著《麥斯歐德的天文學與占星學原理》，總結了穆斯林在天文學領域的研究成果，論證了地球自轉的理論和地球繞太陽公轉的學說，並且對地球的經度和緯度加以精密的測量，堪稱伊斯蘭世界的天文學百科全書。

伊斯蘭教通用的曆法就是徙志曆（希吉拉曆），即回曆。這套曆法從639年開始使用，規定從先知穆罕默德由麥地那遷徙

到麥加的 622 年 7 月 16 日開始計算，即這一天為伊斯蘭教的元年元旦。回曆是以月亮的圓缺作為測定時間的標準，因此屬於太陰曆。回曆每年分為 12 個月，單月 30 天，雙月 29 天，不置閏月，全年共 354 天。每 30 年為一個週期，中間包括 11 個閏年（30 年裡的第 2、5、7、10、13、16、18、21、24、26、29 年），每個閏年的 12 月末加上一天。這樣 30 年平均每年為 354 日 8 時 48 分，比通行的太陽曆（公曆）迴歸年少 10 月 21 時 1 分。伊斯蘭教的節日和宗教活動都是依據回曆，而回曆比公曆一年的時間短，要準確計算兩種曆法的對應日期是很複雜的，所以伊斯蘭教的節日便與季節無關，也與公曆無法對應，每年的同一節日會出現在公曆的不同月分。回曆也將一週分為 7 天，星期五是聚禮日，也是伊斯蘭教國家的公共休息日。

歐默爾·赫亞姆（1040 ～ 1123 年）生於呼羅珊的內沙布爾，曾在塞爾柱蘇丹馬立克沙的庇護下主持天象觀測。他參與編訂的太陽曆稱作「哲拉里曆」，根據這種曆法，平年為 365 天，閏年增設 1 日即 366 天，每 128 年中設閏年 31 次。

數學

數學是自然科學的基礎，尤其與天文學具有密切的關係。伴隨著伊斯蘭世界天文學的發展，穆斯林在數學領域取得了巨

大的成就。異族異教典籍文獻的翻譯，是伊斯蘭世界數學研究的起點。曼蘇爾在位期間，穆罕默德・易卜拉欣・法薩里在翻譯印度天文學典籍《西德罕塔》的過程中，將印度的數字元號和十進位法介紹到伊斯蘭世界，被後人稱為阿拉伯數字。阿拉伯數字在此基礎之上，花拉子密系統闡述了印度數字和十進位法的種種優點，如10個數位可以組成所有的數字，零的符號可以用來填補多位數中個位、十位、百位等數字的空白，書寫和運算也極為便捷。在花拉子密之後，印度的數字元號和十進位法在伊斯蘭世界得以推廣。花拉子密的著作被譯成拉丁文後，印度的數字元號傳入基督教歐洲，西方人稱這種數字為阿拉伯數字。

穆斯林對數學，尤其是對幾何學和數字的偏愛，與伊斯蘭教信仰有直接關係。而穆斯林對數學的貢獻也是多方面的，他們在繼承歐幾里德的幾何學基礎上，發展了平面幾何和立體幾何。他們還把幾何學與代數學相綜合，試圖用幾何學原理解決代數學問題，為解析幾何的發展做出了基礎性貢獻。他們還首創了以直角三角形的邊角關係為基礎的平面三角學和球面三角學，等等。

先進的數學基礎理論研究使阿拉伯產生了許多聞名於世的數學家。許多著名的天文學家，同時也是傑出的數學家。花拉子密不僅在天文學領域頗具貢獻，而且在數學領域成就斐然，

所著《積分與方程的計算》一書，論證了解一次方程和二次方程的基本方法以及求二次方根的計算公式，提出代數、已知數、未知數、根、移項、並項、無理數諸多概念，從而使代數學發展為數學的基本分支。花拉子密論證的解方程的兩種基本方法，即「還原」和「對消」，對西方數學產生很大的影響，直至演變為現代數學中常用的代數運演算法則「移項」和「合併同類項」。花拉子密因此被後人譽為「代數學之父」。阿布・瓦法在三角學方面極有造詣，尤其是論證弦、切、割之間的函式關係，確定三角學計算公式和三角函式表，從而使三角學開始脫離天文學，逐漸成為數學的分支。歐默爾・赫亞姆著有《代數》一書，著重研究一次方程的解法和多次方程根的幾何作圖法，系統闡述採用圓錐曲線求根的理論，並且採用圓錐曲線交割的方法解三次方程，奠定了解析幾何的重要基礎。

物理學

在古代和中世紀，物理學的內容一般歸類於自然哲學範疇。牛頓便把自己看作是自然哲學家，穆斯林學者亦不例外。在傳統的伊斯蘭科學中，並不存在現代意義的物理學學科。

穆斯林自然哲學家們對時空、物質及運動的本質的研究都曾作出過傑出的理論貢獻。在伊斯蘭科學史上曾產生過眾多的

自然哲學的理論流派，其中知名度最高的是以伊本‧西那和圖西為代表的阿拉伯亞里斯多德學派的理論。這一學派繼承和發展了亞里斯多德關於時空與運動的理論。其次是以拉齊‧比魯尼和巴格達迪為代表的反亞里斯多德學派。拉齊發展了一種獨立的關於時空理論的宇宙學，他還提出了一種特殊形式的原子論。比魯尼曾對亞里斯多德物理學的很多基本假設如形式質料說等提出批判，主張利用推理和對自然現象的觀察與實驗來認識自然物理現象。

穆斯林學者在力學和動力學的理論與實踐上也多有貢獻。他們曾提出了關於物體運動的極為重要的理論概念。伊本‧海賽姆發現了慣性原則。伊本‧西那提出了傾角概念，藉以解釋拋體運動，而這正是亞里斯多德物理學的薄弱環節。穆斯林學者在動力學、重量研究等領域的理論建樹，曾對近代西方自然科學家如伽利略和牛頓的很多科學思想產生過影響。但由於伊斯蘭科學知識框架的局限，穆斯林學者未能對物理學作出理想的科學性的解釋，一般只停留於對自然界的象徵性質的認識水準。

穆斯林在光學上的貢獻，主要應歸功於伊本‧海賽姆。他於 10 世紀為這門學科奠定了新的基礎，使之更加系統，因此被譽為「光學之父」，成為光學史上歐幾里德與開普勒之間最重要的人物。他曾撰寫過很多光學著作，而以《光學之書》最為重

要。這部著作曾對西方光學、特別是開普勒和牛頓的光學研究產生過影響。他在反射光學、折射光學和大氣現象研究中都曾做出突出貢獻。他對日出日落及彩虹等自然景觀備感興趣，並應用光學反射原理進行相應的研究，曾提出優於托勒密的對這些現象的解釋。他曾對眼睛作過解剖並進行生理研究，揭示了眼睛各部分的關係以及在觀看過程中眼球的折光作用。海賽姆最先證明了折射的第二定律，即入射線、法線和折射處於同一平面上。光學中關於球面鏡的「阿爾海森問題」正是以海賽姆的名字命名的，他利用幾何學原理解答了這一問題。另一穆斯林學者庫特布丁，曾根據伊本·海賽姆的光學理論成功地解釋了彩虹的成因，指出彩虹是陽光透過大氣水珠發生折射和反射的效果。

化學

　　化學起源於鍊金術，而尋找點金石和金丹以求獲得黃金，導致了最初的化學實驗。從古希臘人的模糊思辨到穆斯林學者的具體實驗，是阿拔斯時代的伊斯蘭世界在化學領域的重大進步。曾被譽為「阿拉伯化學之父」的賈比爾·哈彥（720 ～ 815年），早年師從什葉派第六代伊瑪目賈法爾·薩迪克，後任巴格達哈里發的宮廷御醫。賈比爾·哈彥認為，從宇宙靈魂到天地

萬物乃是流溢生成的過程，相互之間存在著和諧與統一。基於上述理論，賈比爾‧哈彥認為，所有的金屬皆為硫與汞相結合的產物，不同的金屬可以透過特定的媒介實現相互的轉化，金屬的貴賤之分取決於硫與汞的含量差異，鐵、銅、鉛等可以透過汞作為媒介轉化為黃金。在實驗方面，賈比爾‧哈彥論證了燃燒和還原兩種基本的化學過程，改進了蒸餾、過濾、結晶、熔化、昇華等實驗手段，製成硫酸、硝酸、氧化汞、硫化汞、氫氧化鈉等化合物。賈比爾‧哈彥修正了亞里斯多德關於金屬由火、土、水、空氣4種要素構成的學說，一度震動歐洲學界，直至18世紀方被近代化學理論取代。

在阿拉伯，鍊金術不僅僅是現代人所理解的化學，還有其更深層次的含義。阿拉伯人認為鍊金術與蘇菲神祕主義有著密切的關係，而蘇菲教團所採用的精神心理療法，與鍊金術也有密切關係，這種療法將鍊金術視為一種關於靈魂的科學。除此之外，鍊金術與阿拉伯藝術的關係也非同一般，它是聯合伊斯蘭藝術的工藝技術與宗教精神和象徵意義的橋樑，也是理解伊斯蘭藝術內韻的一把鑰匙。

醫學

醫學是穆斯林科學家最為關注的學科。伊斯蘭世界的醫學理論,主要來源於古代希臘以及波斯、印度醫學典籍的翻譯和研究。穆斯林學者並沒有從根本上觸動古代醫學的理論體系,卻在長期的醫學實踐過程中極大地豐富了診斷和治療的諸多技術。穆斯林的醫學總是與伊斯蘭傳統科學特別是與伊斯蘭哲學密不可分。醫務工作被認為是一種高貴和神聖的職業,因此醫生要遵循職業道德並要立下希波克拉底誓言。在穆斯林醫生看來,醫務工作的使命是救死扶傷,而非透過收取高額醫療費用和高價藥費來聚斂錢財。醫生還應仁慈寬厚待人,對病人要有人道精神和同情心,說話還應和氣,等等。

穆斯林醫院的機建構制,最初是沿襲波斯和拜占廷的體制。醫院與醫療教學相結合,是希臘、埃及、波斯和印度醫學向穆斯林傳播的主要途徑。據說,穆斯林開始建立醫院是在哈里發瓦立德一世(705 ～ 715 年在位)時期,最早的穆斯林醫院便是由這位哈里發於 707 年在大馬士革建立的。但第一個裝置齊全、名副其實的醫院,當屬哈里發哈倫‧拉希德(786 ～ 809 年在位)時期在巴格達建立的醫院。該院後來名醫雲集,成為醫療中心和醫學教學研究中心,巴格達的很多醫院都是以該院為楷模建立的。在 12 世紀又分別在開羅創辦了曼蘇里醫院以及

大馬士革的努裡醫院。這些著名的醫院都是全天 24 小時對外門診，以便患者隨時得到適宜的治療。穆斯林醫院的發展也呈多樣化趨勢，有綜合性醫院，也有為麻瘋病、精神病患者甚至為動物提供特殊醫療服務的專科醫院。大的醫院一般都附設有圖書館、演講廳和其他教學設施，使醫療與教學相結合。

伊斯蘭傳統醫學實踐還與藥房和藥店有密切關係，藥商往往要比正式行醫的醫生更多地參與日常醫療服務。直到今天，伊斯蘭國家一些傳統的藥商除了仍可滿足顧客的一般性醫療服務要求，還能為那些尚未惡化的常見病提供藥物治療。穆斯林的沐浴被認為具有重要的醫療價值，它是傳統醫學保健的一部分。

如同在其他領域，阿拉伯在醫學方面也產生了極具影響力的人物。穆塔瓦基勒在位期間，哈里發的宮廷御醫阿里・賽海勒・拉班・泰伯裡根據希臘和印度的醫學理論，著有《智慧的樂園》一書，是為伊斯蘭世界最早的醫學綱要。拉齊（865～925）全名阿布・柏克爾・穆罕默德・宰克里亞・拉齊，生於伊朗西部的萊伊，曾在薩曼王朝和阿拔斯哈里發的庇護下行醫，並從事著述。所著《曼蘇爾醫書》、《醫學整合》和《天花與麻疹》，皆被譯成拉丁文，在基督教歐洲長期被視為醫學領域的經典作品。《曼蘇爾醫書》論及解剖學、生理學、皮膚病、熱病、毒物、診斷和治療各個方面，頗有見地。《醫學整合》系統闡述了希臘、

波斯、印度的醫學理論和伊斯蘭世界的醫學成就，堪稱醫學領域的百科全書。《天花與麻疹》是有史以來關於天花、麻疹兩種疾病的第一部專門性著作，在傳染病的診斷和治療方面影響甚大。伊本·西那不僅在哲學領域頗負盛名，而且精通醫學，所著《醫典》一書廣泛繼承了古代世界的醫學遺產，全面總結了穆斯林學者在醫學實踐過程中取得的豐碩成果。伊本·西那首次將疾病劃分為內科、外科、腦科、胸科、精神、眼科和婦產科，系統論述各種疾病的病理症狀和診斷治療方法，強調養生、藥物和手術兼施並用。《醫典》一書代表了古典伊斯蘭世界醫學領域的最高成就，伊本·西那被後人譽為「醫學之王」。

教育

在阿拉伯文明的諸多領域中，宗教教育始終占有舉足輕重的地位。伊斯蘭教育不僅是伊斯蘭教傳播的重要手段，也是穆斯林修身養性和培育後代的主要途徑。在穆斯林看來，教育的目的不僅在於傳授知識，更重要是人的精神培育、靈魂的鑄造和品性的修煉。因此，穆斯林歷來對教育極為重視，將其視為具有切身利益的日常必不可少的生活內容。伊斯蘭教育等公益事業也往往是穆斯林民眾自發興辦的，穆斯林曾建立了寺院教育為中心的、發達的以《古蘭經》為主體的宗教教育體系。

在傳統伊斯蘭教育中，宗教對教育的影響反映在各個方面，主要包括教育內容、教育理論、教育體制和教育方法。

▶教育體制

穆斯林認為教育的根本目的是在伊斯蘭教信仰和倫理規範的基礎上造就有德性的人。伊斯蘭傳統教育體制既重視培養個人的美德，又兼顧到社會對人才的需求。著名的社會學家麥克斯·韋伯曾將教育劃分為三類：一是「超凡教育」，旨在喚起「宗教的靈感，使受教育者進入超凡脫俗、瞑思內省的境界」，它主要關注的是人的內在精神的完美；二是意在培養紳士、達官貴人的文化教育，它尤為看重社會的名譽、地位；三是專長教育，以培養各種技能和手藝專長為目的。伊斯蘭教育體制則將這三類教育融為一體，在強調心靈的淨化、內心的誠信、身體的力行的同時，又要求個人掌握某種專業技能，獻身於穆斯林社會的公益事業。

阿拉伯教育的途徑主要有三條：第一，普通百姓通常將孩子送到清真寺裡去接受教育；第二，哈里發或貴族的孩子可請家庭教師來教育；第三，向貝都因人學習，伍麥葉王朝前朝的哈里發經常把兒子送到沙漠地區去，向貝都因人學習純正的阿拉伯語和騎射技術。其中，清真寺教育是最主要的，因為清真寺教育是免費的，窮苦百姓的孩子也可以享受。

　　傳統的伊斯蘭教育機構主要有三種，即馬克塔布、馬德拉薩和清真寺。馬克塔布一般也被稱作經堂，以唸誦《古蘭經》為主，兼學語文和算術，程度較低，類似於小學。馬德拉薩是比馬克塔布高一級的學校，相當於中學，一般以宗教學科為主，包括《古蘭經》註釋、聖訓學、教法學、教義學等。還設有阿拉伯語和邏輯學、數學、自然科學和哲理學等與宗教相關不大的文化知識學科。而清真寺則是伊斯蘭教育體制中水準最高、規模最大的教育場所，後來發展為穆斯林大學，如馳名世界的埃及愛資哈爾大學和摩洛哥凱魯萬大學，都是以清真寺為教學場所的學校，它們最初也稱作馬德拉薩。在伊斯蘭世界的很多地區，兩者往往為共同體。清真寺與伊斯蘭傳統教育關係極為密切，從其產生之日起，它就是穆斯林民眾宗教生活、社會生活和文化生活的中心。這種樞紐地位，使得穆斯林的教育活動與宗教的和社會的活動融為一體，從而使伊斯蘭傳統教育具有濃厚的宗教色彩和廣泛的社會性。

　　對伊斯蘭傳統教育影響至深的另一種教育機構是蘇菲活動中心，它在阿拉伯世界稱為扎維耶這些中心以傳授蘇菲神祕主義宗教知識為主旨。扎維耶的教學規模相當於馬克塔布，但教育水準整體上要高於後者。蘇菲主義關注的首先是人的心靈的淨化，以最終達到人主合一的最高精神境界，因而把教育視為精神修煉的最重要的途徑。同時，蘇菲主義還注重一種由蘇

菲導師親自傳授宗教知識的導師制度。蘇菲信徒在導師的指導下，一步又一步走完精神修煉的旅程，獲得完美的宗教知識，達到高尚的精神境界。這種知識儘管是屬於超驗的宗教知識，但它同樣具有宇宙論和心理學方面的內容。此外，蘇菲主義還往往用最高品味的文學形式 —— 詩歌，來表達其超驗的信仰和心靈體驗的旅程，因此蘇菲道堂同時常常是藝術教育的場所。

此外，伊斯蘭傳統教育中還包括了與醫學、天文學以及與工藝美術有關的應用學科。伊斯蘭傳統教育不僅重視穆斯林的宗教和文化生活需求，而且也有滿足社會物質生活需求的一面。比如，伊拉克的巴格達醫院，其歷史可追溯到 9 世紀，著名的波斯醫學家拉齊就是在這所醫院裡，一邊行醫，一邊教學。學醫的學生需要接受理論教育和實際操作的培訓，在醫院裡實習一段時間後，他們還要經過考核，最後被授予醫生職業稱號。同樣，在重要的天文觀象台中，不僅教授數學和天文學，還教授相關學科如邏輯和哲學。在歷史最悠久的伊朗的馬拉蓋天文台中，天文學家、哲學家兼數學家圖西，就是一邊從事研究，一邊從事教學的。在實用工藝教育中，藝徒們或者是經師傅在家中傳授，或者是經師傅在作坊中邊做邊學。他們不僅學到了地毯編織、磚瓦製造等技藝，還接觸到大至宏觀宇宙小至微觀世界的科學知識。在接受了各方面內容教育後，藝徒們在製作傳統工藝品的同時，也鑄造了自己的靈魂。用現在的

話說，綜合素養大大的提高，使他們不僅了解了製作物品的性質，還明白了藝術、加工過程中所蘊含的象徵意義。

▶教育理論

　　傳統教育理論的形成與伊斯蘭宗教思想的發展存在著緊密的連繫。8～9世紀，隨著遜尼派宗教學者階層的興起，正統的宗教文化傳統教育受到高度重視。教育的主導思想是使學生熟悉經訓、教法知識，了解伊斯蘭文化傳統，用宗教道德規範來約束自己的言行，做一個有文化素養的、虔誠的穆斯林。學者們在向弟子傳授知識過程中，力圖把啟示知識（《古蘭經》）、傳述知識（聖訓）和推導知識（教法常識）有機地結合在一起。9世紀以後，隨著正統的艾什爾里學派的崛起，理性主義與正統信仰相結合成為教育的主導思想，同時引進了形而上學、邏輯學、思辨哲學等新學科，教學內容已不限於宗教傳統教育。12世紀以後，蘇菲神祕主義勃起，對宗教教育產生了巨大影響。蘇菲神祕主義者反對以理性思辨、邏輯論證為認知方式。教育的指導思想開始與社會需求脫節，蘇菲信徒們以規避世間俗事為榮，蔑視塵世間的物欲追求，帶有消極遁世、潔身自好的思想傾向。

　　傳統教育理論的代表人物，當首推伊斯蘭教權威大師加札利。加札利是中世紀伊斯蘭教最傑出的教義學家、哲學家，而

立之年執教於塞爾柱王朝的著名學府 —— 尼札姆大學。加札利的教育思想尤為注重宗教神祕體驗，但也並非絕對否認理性思維、邏輯論證、經驗觀察的作用。晚年他在《哲學家的毀滅》、《伊斯蘭宗教學科的復甦》等著作中關於宗教、哲學的論述，也是其宗教教育思想的集中展現。加札利認為，宗教信仰包括內心信仰和外部行為兩部分，它們相輔相成、不可偏廢。加札利提出，知識與信仰屬於不同的領域，「知」是理性的領域，而「信」是心靈的領域，二者不能互相替代；理性的權威只限於知識領域，而在信仰領域毫無地位。出自於對人的感性知識和理性知識的懷疑，加札利主張必須把信仰還原為心靈的活動，而把理性禁束於知識領域。對於前者，應當以主命為出發點，從體驗自我開始，透過心靈感應、內心誠信來認知真主；對於後者，應當把理性看作框正信仰的工具，用以教化誤入迷途的一般信眾，但要像醫生開有毒性的烈性藥一樣，使用時要慎而又慎。他還認為，為了恢復「正信」的地位，必須對一般信眾強化宗教教育，使之了解基本信仰而不必理解信仰。他晚年撰寫的《穆斯林大眾信綱》，便是為此目的而編寫的便於背誦、記憶的普及性宗教讀物。

　　另一位對傳統教育理論有過突出建樹的人物，是著名歷史學家伊本・赫勒敦。伊本・赫勒敦是突尼西亞人，他的歷史哲學著作中有豐富的教育思想。伊本・赫勒敦曾就教育的社會

性、實用性發表過頗有見地的觀點，明確指出教育也是一種社
會現象、一種社會職業，它與城市市民的技藝培訓和日常生活
需求關係愈益密切，而不限於人們的宗教生活。他在《歷史緒
論》中從歷史發展的觀點，對教育的社會功能作出深入的分析，
指出教育水準的高低直接關係到人類社會的興衰。伊本・赫勒
敦曾以巴格達、庫法和巴斯拉等文化名城為例，說明伊斯蘭教
初期這些城市文化教育的迅速發展，是與商業、手工業的興起
密切相關，是社會物質文明發展的必然結果。他還認為，教育
應使人們學會適應社會環境的能力。人類是社會性的生靈，人
類的教育事業受人類的文明水準和各種力量的制約，其中包括
物質的、知識的和精神的力量。他還強調，人類是一種有理性
的動物，而理性科學則是所有學識的基礎；理效能幫助人們在
學習過程中獲得規律性的認識，明白不同概念間的相互關係。
如同加札利一樣，伊本・赫勒敦認為，人的理性作為認知工具
也是有局限性的，當理性無能為力時，最終還要訴諸不謬的
天啟。

伊本・赫勒敦主張因人施教，掌握知識應按部就班，循序
漸進。他還提倡去外地遊學，以便向不同的老師求教，擴大視
野，增長見識。在伊本・赫勒敦的故鄉突尼西亞，當時的小學
教師除了要教授《古蘭經》、阿拉伯文和詩歌外，還教書法和寫
信。伊本・赫勒敦主張，入門學習，不應從深奧難懂的經文教

育開始，而應先學阿拉伯文和詩歌，接著學算術，最後再學《古蘭經》。

▶教育方法

　　早期的伊斯蘭教育以口授為主，教學主要以《古蘭經》和聖訓為基本內容。口頭教學由老師背誦經文、口述經注，要求學生死記硬背，以師生問答的方式進行。穆斯林家庭的女孩子，一般是在家裡接受口授教育。口授教育在伊斯蘭傳統工藝教育中一直發揮著重要作用。穆斯林各民族的很多傳統藝術，也是透過口授方式世代相傳而綿延至今。

　　穆斯林的經文學校，不論是馬克塔布還是馬德拉薩，不同年齡和不同智力水準的學生，並肩坐在同一教室裡聽課，共同參加課外活動，並無等級之分。有才能的和勤奮的學生，可以自己掌握學習進度，沒有硬性的課程安排和學習期限。在課堂上，老師一般依柱而坐，學生們則排成半圓形圍繞教師席地而坐。講課結束後，老師說聲「阿拉無所不知」後，學生們不論年齡大小便自動靠攏老師並吻其右手，以示敬意。接下來由一位得意門生複述老師所講的內容，以便加深記憶，幫助那些仍未掌握要點的同學進一步理解。課堂氣氛相當活躍，學生可以隨時提問，然後由老師作答。這也是很多學生充實和表現自己的機會，進而成為老師的得力助手。

　　穆斯林傳統學校對於入學年齡沒有限制，穆斯林不論年齡多大，都可以入學，來去自由，沒有強制性規定。學生一旦覺得學有所成，就可以到高一層的學校深造。這類傳統學校是全天開放的，以便於那些在職的或有家務負擔的成年人也有機會學習知識。傳統的穆斯林學校也沒有正式的考試制度，學業結束後也沒什麼畢業證書，學生成績和知識水準全由教師評估。這類學校也沒有學習年限，少則數年，多則十餘年，有的甚至是幾十年。

　　送孩子上學唸書，穆斯林視為作父母應盡的義務而非國家的責任。同樣，教師教書育人也被認為是一種宗教義務。在伊斯蘭教育發展初期，教師一般是不收學費的。隨著教育的發展，後來教法學家們找到了一種合法的收費辦法。在馬克塔布這類初級學校中，在有條件集資的地方才允許向老師交付學費。在馬德拉薩和清真寺這類高層次的教育機構中，教師往往會得到國家或富人的大量贊助。「十年樹木，百年樹人」，教育是社會發展的先行者。正是有了歷代阿拉伯統治者對教育的重視，阿拉伯才能湧現出大量有知識、有文化的學者，這才有了阿拉伯文明的燦爛輝煌。

電子書購買　　　爽讀 APP

國家圖書館出版品預行編目資料

從沙漠孤寂到帝國輝煌，阿拉伯半島的文明與
智慧：由矇昧時代至阿拔斯王朝，先知穆罕默
德、伊斯蘭教派、哲學思想、科學藝術的黃金
時代 / 林之滿，蕭楓 編著 . -- 第一版 . -- 臺北市
：崧燁文化事業有限公司 , 2024.03
面；　公分
POD 版
ISBN 978-626-394-024-6(平裝)
1.CST: 阿拉伯史 2.CST: 文明史
735.901　　113001064

從沙漠孤寂到帝國輝煌，阿拉伯半島的文明與智慧：由矇昧時代至阿拔斯王朝，先知穆罕默德、伊斯蘭教派、哲學思想、科學藝術的黃金時代

臉書

編　　著：林之滿，蕭楓
發 行 人：黃振庭
出 版 者：崧燁文化事業有限公司
發 行 者：崧燁文化事業有限公司
E - m a i l：sonbookservice@gmail.com
粉 絲 頁：https://www.facebook.com/sonbookss/
網　　址：https://sonbook.net/
地　　址：台北市中正區重慶南路一段六十一號八樓 815 室
Rm. 815, 8F., No.61, Sec. 1, Chongqing S. Rd., Zhongzheng Dist., Taipei City 100,
Taiwan
電　　話：(02) 2370-3310　　傳　　真：(02) 2388-1990
印　　刷：京峯數位服務有限公司
律師顧問：廣華律師事務所 張珮琦律師

定　　價：299 元
發行日期：2024 年 03 月第一版
◎本書以 POD 印製
Design Assets from Freepik.com